알기 쉽고
배우기 쉬운

알찬 중국어

박만규 지음

신아사

지은이 : 박만규
1955년생
1978. 한국외국어대학 중국어과 졸업
ROTC 육군중위 만기 전역(영어통역장교 I · O)
중국문화대학교 중국문학연구소 석사졸업
중국문화대학교 중국문학연구소 박사졸업
陈新雄教授를 师事하여 中国声韵学(汉语音韵学)을 전공함(석사 · 박사)
울산대학교 중국어과 부교수 역임
동덕여자대학교 중국어과 부임. 지금에 이름. 정교수.
동덕여자대학교 교수협의회 창설, 회장역임. (www.dduprof.org)
사법고시, 군법무관, 행정고시, 국비유학생고시 등 출제위원.

논문 : 중국, 대만, 홍콩에서 발표한 국제학술대회논문 수십 편이 있고, 국내발표 논문도 여럿 있다. 가장 최근의 것으로는 2009. 5. 24. 台北 辅仁大学에서 열린 제11회 중국 성운학 국제학술대회에서 발표한 **禅宗《无门关》四句偈颂研究**가 있다. 이제는 文字와 言说을 떠난 心学에 뜻을 두고 있다(无住生心).

알기 쉽고 배우기 쉬운

알찬 중국어

1판 1쇄 펴냄 • 2010년 2월 20일
1판 2쇄 펴냄 • 2012년 8월 28일

지은이 • 박 만 규
발행인 • 정 현 걸
발 행 • 신 아 사
인 쇄 • 성실인쇄

출판등록 • 1956년 1월 5일 (제9-52호)
서울특별시 은평구 녹번동 28-36 (2F)
전화 (02)382-6411 • 팩스 (02)382-6401
홈페이지 • www.shinasa.co.kr
E-mail • shinasa@chol.com

ISBN 978-89-8396-683-4(93720)

정가 17,000 원

알기 쉽고 배우기 쉬운

알찬 중국어

머리말

중국은 우리에게 있어 여러모로 거북한 나라이다. 100년을 쉬고 있다가 일어나서 내달리고 있기에 더욱 그런 느낌을 들게 한다.

중국은 아주 오래된 나라이다. 그런데도 마치 신생독립국처럼 알 수 없고 묘한 아리송한 대상이다.

중국은 아주 큰 나라이다. 덩치나 사람 수로는 넉넉히 첫 손가락에 꼽히지만, 저들의 정치・외교・상업・무역 등의 행위들을 보면 세계적인 상식과 통념이 아주 무시되는, 그러면서도 '중국식의~'를 갖다 붙이면서 오히려 오불관언(吾不关焉)을 자랑삼아 내세우는 '커도 작게 보이는 나라'이다.

또한 중국은 우리와 가장 가까이 붙어있으나, 우리 모두가 잘 모르는 나라이다. 우리는 누구나 '중국인'을 서양 외국인들과 사이에 느끼는 어떤 익숙지 않음보다는 훨씬 잘 안다고들 생각하면서 마음 놓고 대하고 있는 그러한 이웃이다. 허나 그 점이 우리에겐 어쩌면 국가존망이 걸려있을 만치의 크나큰 착각이나 화근이 될 수 있다. 안다고 하는 것 보다 모른다고 아주 내려놓고 잘 살피고 대응해야 하는 무서운 나라라는 뜻이다. 중국인인 공자(孔子)도 논어에서 "아는 것은 안다고 하고, 모르는 것은 모른다고 하는 것, 그것이 곧 아는 것이다."라고 말하고 있기에 말이다.

위의 몇 가지 관점에 대해서, 어떤 사람은 긍정하거나, 어떤 이는 혹평할 수 있다. 다 좋다. 자기의 눈으로 세상을 보고 사는 것이기에 말이다.

그러나 지은이는 이 책을 공부하는 사람에게 꼭 위의 몇 가지를 가슴에 새기고선 저들의 문학・역사・철학・정치・사회・경제… 등의 모든 연구를 참으로 깊고 진심하게 파고 들어가자고 외치고 싶다. 꼭 쥐어주고 싶은 말이다.

자, 그렇다면 이런 '중국'을 알기 위해서는 말과 글을 먼저 알고, 그 배를 타고 중국의 이모저모를 몸소 스스로 파고들어야 할 수 밖에 없다. 그렇다면 이 말과 글이 가장 기본 중의 기본 열쇠가 되는 셈인데, 어떻게 익혀갈까?

누구나 다 자기 아는 것으로 얘기한다. 아는 것만큼 말하고, 아는 것만큼 생각하고, 아는 것만큼 듣고, 보고, 느끼고…, 그래서 우리는 '잘 알아야' 한다.

중국어를 잘 알게 하기 위해서는 좋은 회화, 좋은 문장을 알기 쉽게 잘 풀어서 들려주어야 한다. 이 책에 나오는 모든 대화가 참으로 거기에 속한다고 감히 생각한다. 한 번 읽고 이해하면 그만인 내용이 아니라, 열 번도 백 번도 더 읽고 외우고, 그래서 써보고, 말해보고, 널리 스스로 활용해보는 꾸준하고 정성어린 노력만이 우리를 저 '중국이라는 세계'로 가까이 태워다 줄 수 있다고 믿어 마지 않는다.

다시 한 번 말씀드리고자 한다. 여기 나오는 글들을 자꾸만 눈으로 입으로 귀로 듣고 보고 말하며 익히자. 첫 시작은 두렵고 힘들고 지겨울지라도 차츰차츰 입 안에 고이는 단 맛을 느끼면서 힘이 붙기 시작할 것이다. 모든 학문의 본령이라는 것은 모름지기 그렇게 힘들고, 그렇게 나중에는 달고 맛있고 또 멋있는 것이다.

여러 초학자들, 대학과 대학원생들, 사회의 지식인들, 중국 주재원 및 중국관련 산업 전사들, 외교관 여러분들이 모두 이 책으로 읽고 또 읽고 나아가면 眼光이 纸背를 彻하게 되고 读书百遍에 义自見(现으로 읽음)해서 저 거북한 상대인 중국을 어쩌면 편안하게 대응하는 날을 더 빨리 당길 수 있을 것으로 믿는다. 여러분의 好学不倦(지식을 좋아하고 싫증내지 않고 성실히 공부함)을 바라마지 않는다.

몇 안 되는 낱말로 짧은 글을 짓기가 그리 쉽지 않다. 많은 낱말로 쉬운 글을 짓기는 더 어렵다. 지은이의 공부가 모자라서, 위의 두 가지를 아우르지는 못했다. 그러나 가장 쉬운 말로 가장 많은 표현을 해보려고 적지 않게 애를 썼다. 글의 내용은 온전히 지은이가 쓰고 지었다. 모든 진위와 우열은 지은이가 짊어지는 숙명이다.

끝으로 이 책을 처음부터 끝까지 여러 번 읽고 고치고 손보아 준 같은 학과의 홍준형 교수님의 희생과 열정과 봉사를 꼭 새겨두고자 한다.

2010년 새해 아침

无步 박만규 삼가 씀

알기 쉽고 배우기 쉬운

알찬 중국어

목 차

汉语拼音表

운모 / 성모	1														2				
	a	o	e	-i	er	ai	ei	ao	ou	an	en	ang	eng	-ong	-i	-ia	-iao	-ie	-iou
b	ba	bo				bai	bei	bao		ban	ben	bang	beng		bi		biao	bie	
p	pa	po				pai	pei	pao	pou	pan	pen	pang	peng		pi		piao	pie	
m	ma	mo	me			mai	mei	mao	mou	man	men	mang	meng		mi		miao	mie	miu
f	fa	fo					fei		fou	fan	fen	fang	feng						
d	da		de			dai	dei	dao	dou	dan	den	dang	deng	dong	di		diao	die	diu
t	ta		te			tai		tao	tou	tan		tang	teng	tong	ti		tiao	tie	
n	na		ne			nai	nei	nao	nou	nan	nen	nang	neng	nong	ni		niao	nie	niu
l	la		le			lai	lei	lao	lou	lan		lang	leng	long	li	lia	liao	lie	liu
z	za		ze	zi		zai	zei	zao	zou	zan	zen	zang	zeng	zong					
c	ca		ce	ci		cai		cao	cou	can	cen	cang	ceng	cong					
s	sa		se	si		sai		sao	sou	san	sen	sang	seng	song					
zh	zha		zhe	zhi		zhai	zhei	zhao	zhou	zhan	zhen	zhang	zheng	zhong					
ch	cha		che	chi		chai		chao	chou	chan	chen	chang	cheng	chong					
sh	sha		she	shi		shai	shei	shao	shou	shan	shen	shang	sheng						
r			re	ri				rao	rou	ran	ren	rang	reng	rong					
j															ji	jia	jiao	jie	jiu
q															qi	qia	qiao	qie	qiu
x															xi	xia	xiao	xie	xiu
g	ga		ge			gai	gei	gao	gou	gan	gen	gang	geng	gong					
k	ka		ke			kai	kei	kao	kou	kan	ken	kang	keng	kong					
h	ha		he			hai	hei	hao	hou	han	hen	hang	heng	hong					
	a	o	e		er	ai	ei	ao	ou	an	en	ang	eng		yi	ya	yao	ye	you

한어병음표기의 주의점

① 성모 없이 i로 시작하는 음절은 i를 y로 바꾸어 표기한다. 단 i 하나로 된 음절은 yi로 표기한다.

② 성모 없이 u로 시작하는 음절은 u를 w로 바꾸어 표기한다. 단 u 하나로 된 음절은 wu로 표기한다.

③ 성모 없이 ü로 시작하는 음절은 ü를 yu로 바꾸어 표기한다.

④ ü가 성모 j, q, x와 결합하면 u로 바꾸어 표기한다.

⑤ 운모 -iou가 성모와 결합하면 iu로 바꾸어 표기한다.

⑥ 운모 -uei가 성모와 결합하면 ui로 바꾸어 표기한다.

					3									4			
-ian	-in	-iang	-ing	-iong	-u	-ua	-uo	-uai	-uei	-uan	-uen	-uang	-ueng	-ü	-üe	-üan	-ün
bian	bin		bing		bu												
pian	pin		ping		pu												
mian	min		ming		mu												
					fu												
dian			ding		du		duo		dui	duan	dun						
tian			ting		tu		tuo		tui	tuan	tun						
nian	nin	niang	ning		nu		nuo			nuan				nü	nüe		
lian	lin	liang	ling		lu		luo			luan	lun			lü	lüe		
					zu		zuo		zui	zuan	zun						
					cu		cuo		cui	cuan	cun						
					su		suo		sui	suan	sun						
					zhu	zhua	zhuo	zhuai	zhui	zhuan	zhun	zhuang					
					chu	chua	chuo	chuai	chui	chuan	chun	chuang					
					shu	shua	shuo	shuai	shui	shuan	shun	shuang					
					ru	rua	ruo		rui	ruan	run						
jian	jin	jiang	jing	jiong										ju	jue	juan	jun
qian	qin	qiang	qing	qiong										qu	que	quan	qun
xian	xin	xiang	xing	xiong										xu	xue	xuan	xun
					gu	gua	guo	guai	gui	guan	gun	guang					
					ku	kua	kuo	kuai	kui	kuan	kun	kuang					
					hu	hua	huo	huai	hui	huan	hun	huang					
yan	yin	yang	ying	yong	wu	wa	wo	wai	wei	wan	wen	wang	weng	yu	yue	yuan	yun

알기 쉽고 배우기 쉬운

알찬 중국어

발음편(发音篇)

1. 성모(声母)와 운모(韵母)

汉语의 음절은 중국의 전통적인 음절분석 방법에 따라 머리소리 자음(声母)과 그 나머지 부분(韵母)의 두 부분으로 나뉜다.

예를 들어 '东' 발음을 한어병음으로 표기하면 'dong'이 되는데, 여기서 머리소리 자음인 'd-'는 성모가 되며 그 나머지 부분 '-ong'은 운모가 된다.

(주) 성모 없이 운모 단독으로 된 음절도 있다.

(1) 성 모

성모는 발음 부위에 따라 다음과 같이 나누어 볼 수 있다.

(1) 쌍순음(双唇音) : b, p, m
(2) 순치음(唇齿音) : f
(3) 설첨전음(舌尖前音) : z, c, s
(4) 설첨중음(舌尖中音) : d, t, n, l
(5) 설첨후음(舌尖后音) : zh, ch, sh, r
(6) 설면음(舌面音) : j, q, x
(7) 설근음(舌根音) : g, k, h

<발음기관도>

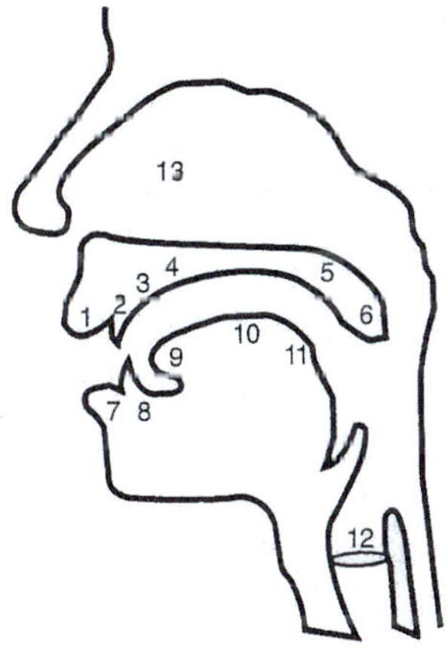

1. 윗입술
2. 윗니
3. 잇몸
4. 경구개
5. 연구개
6. 목젖
7. 아랫입술
8. 아랫니
9. 설첨
10. 설면
11. 설근
12. 성대
13. 비강

<성모의 발음>

- **쌍순음**(双唇音) : b, p, m

b(o) : 두 입술을 꼭 붙이고 있다가 떼면서 공기를 약하게 내보내며 소리를 낸다.

p(o) : b(o)와 같이 소리를 내되 공기를 세게 내뿜는다.

m(o) : 두 입술을 꼭 붙이고 있다가 공기가 콧속을 빠져나가게 하면서 입을 벌려 소리낸다. 이때 声带가 떨린다.

- **순치음**(唇齿音) : f

f(o) : 윗니를 아랫입술에 대고 공기가 그 가는 틈 사이로 마찰되어 나가게 한다.

- **설첨전음**(舌尖前音) : z, c, s

z(i) : 아래·윗니를 살짝 맞물고, 혀끝을 윗잇몸에 대었다 조금 떼면서 막혔던 공기를 그 사이로 마찰되어 나오게 한다.

c(i) : z(i)와 같은 방법으로 소리를 내되 공기를 세게 내뿜는다.

s(i) : 아래·윗니를 살짝 맞물고, 혀끝은 아랫니 안쪽에 대고 공기를 혓바닥과 윗니 틈새로 마찰시켜 내보낸다.

- **설첨중음**(舌尖中音) : d, t, n, l

d(e) : 혀끝을 윗잇몸에 붙였다 떼면서 막혔던 공기를 약하게 내보내며 소리를 낸다.

t(e) : d(e)와 같이 소리내되 공기를 세게 내뿜는다.

n(e) : 혀끝을 윗잇몸에 대고 공기가 콧속을 빠져나가게 하면서 혀를 떼어 소리를 낸다. 이때 성대가 울린다.

l(e) : 혀끝을 윗잇몸 약간 높은 쪽에 대고 있다가 공기가 혀의 양쪽 끝으로 빠져나오게 하면서 혀를 떼어 소리를 낸다. 이때 성대가 울린다.

- **설첨후음**(舌尖后音) : zh, ch, sh, r

zh(i) : 혀끝을 말아 올려 경구개에 붙였다 조금 떼면서 막혔던 공기를 그 사이로 마찰시켜 내보낸다.

ch(i) : zh(i)와 같이 발음하면서 공기를 세게 내뿜는다.

sh(i) : 혀끝을 말아올려 경구개에 가까이 대고 그 사이로 공기를 마찰시켜 내보낸다.
r(i) : sh(i)와 같이 소리를 내되 성대를 울리는 울림소리를 낸다.

- **설면음**(舌面音) : j, q, x

j(i) : 혀끝을 아랫니 안쪽에 살짝 붙인 상태에서 舌面을 경구개에 붙였다 가볍게 떼면서 그 사이로 막혔던 공기를 마찰시켜 내보낸다.
q(i) : j(i)와 같은 방법으로 소리내되 공기를 세게 내뿜는다.
x(i) : 舌面을 경구개에 가까이 접근시키고 그 사이로 공기가 마찰되어 나오게 한다.

- **설근음**(舌根音) : g, k, h

g(e) : 혀뿌리를 연구개에 붙였다 떼면서 막혔던 공기를 내보낸다.
k(e) : g(e)와 같은 방법으로 소리내되 공기를 세게 내뿜는다.
h(e) : 혀뿌리를 연구개 가까이에 접근시키고 그 사이로 공기가 마찰되어 나오게 한다.

<성모 발음부위와 발음방법>

发音方法 / 发音部位	塞音		塞擦音		擦音		鼻音	边音
	清音		清音		清音	浊音	浊音	浊音
双唇音	b[p]	p[p‘]					m[m]	
唇齿音					f[f]			
舌尖中音	d[t]	t[t‘]					n[n]	l[l]
舌尖前音			z[ts]	c[ts‘]	s[s]			
舌尖后音			zh[tʂ]	ch[tʂ‘]	sh[ʂ]	r[ʐ]		
舌面音			j[tɕ]	q[tɕ‘]	x[ɕ]			
舌根音	g[k]	k[k‘]			h[x]			

(2) 운모

운모는 다음과 같이 나누어 볼 수 있다.

1) 단운모(单韵母) : 운모가 하나의 모음만으로 이루어진 것

- ɑ　　o　　e　　-i　　-u　　-ü

(주) 운모 앞에 '-'표시가 된 것은 성모 없이 단독으로 이루지 못하는 운모임을 나타낸다. 이하 모두 같다.

2) 복합운모(复合韵母) : 운모가 두 개 이상의 모음으로 이루어진 것

- ɑi　　ei　　ɑo　　ou
- -iɑ　　-ie　　-iɑo　　-iu
- -uɑ　　-uo　　-uɑi　　-ui
- -üe

3) 비음운모(鼻音韵母) : 운모가 모음과 함께 n이나 ng와 결합되어 이루어진 것

- ɑn　　en　　ɑng　　eng　　-ong
- -iɑn　　-in　　-iɑng　　-ing　　-iong
- -uɑn　　-uen　　-uɑng
- -üɑn　　-ün

4) 권설운모(卷舌韵母) : 혀말이 소리를 내는 운모

- er

<혀의 최고점 위치도>

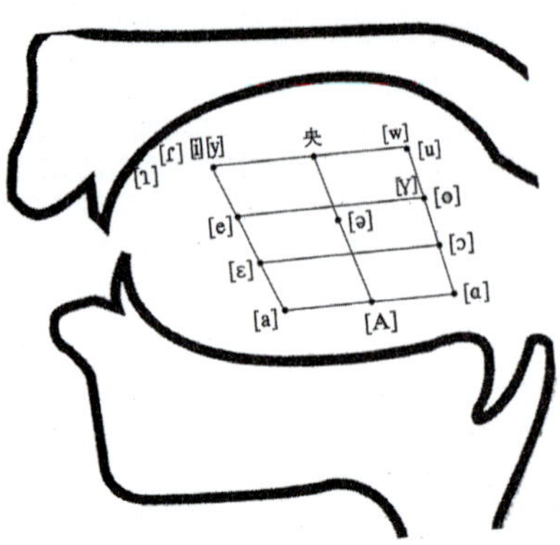

(혀의 최고점 위치란, 운모 안의 모음을 소리낼 때 혀의 가장 높은 부분이 입안의 어디에 위치하는지를 보여주는 것이다)

<운모의 발음>

한어병음방안의 표기에서는 같은 모음이라 할지라도 실제 발음에 있어서는 앞뒤로 결합되는 자음 또는 모음에 따라 소리가 조금씩 달라지게 되므로 그 점에 유의하여 발음을 익혀야 한다.

(1) a로 표기되는 여러 가지 소리

a → [A] : 입을 크게 벌리고 혀는 최대한 낮고 평평하게 하여 「아」 소리를 낸다.

- 단운모 a를 발음할 때
  [보기] a, ba

→ [a] : 혀의 최고점 위치만 조금 앞으로 나온 상태로 「a」와 같이 발음한다.

- -ia, -ua, -uai, an, uan 중의 a를 발음할 때
  [보기] jia, zhua, kuai, an, ban, duan

→ [ɑ] : 혀의 최고점 위치가 조금 뒤로 간 상태로 「A」와 같이 발음한다.

- ao, -iao, ang, -iang, -uang 중의 a를 발음할 때
  [보기] ao, mao, piao, ang, dang, liang, huang

→ [ɛ] : 입을 반쯤 벌리고 입술은 양쪽 끝으로 당기며 「에」 소리를 낸다.

- -ian 중의 a를 발음할 때
  [보기] bian

(2) e로 표기되는 여러 가지 소리

e → [ɣ] : 입을 반쯤 벌리고 혀는 약간 뒤로 당기는 느낌으로 혀뿌리 쪽을 높게 하여 연구개에 접근시키고 「어」 소리를 낸다.

- 단운모 e를 발음할 때
  [보기] e, ge

→ [ə] : 입을 반쯤 벌리고 혀는 입안의 중간에 놓고 「어」 소리를 낸다.

- en, eng 중의 e를 발음할 때
  [보기] en, ben, eng, teng

→ [e] : 혀를 약간 앞으로 하고 혀끝을 아랫니 안쪽에 대고 「에」 소리를 낸다.

- ei 중의 e를 발음할 때
  [보기] ei, dei

→ [ɛ] : 앞의 [ɛ] 발음 부분 참고.

- -ie, -üe 중의 e를 발음할 때
  [보기] jie, nüe

(3) i로 표기되는 여러 가지 소리

i → [i] : 혀는 앞쪽으로 하여 혓바닥 끝을 높인 상태에서 입술을 양끝으로 당기며 입을 조금만 벌려서 「이」 소리를 낸다.

- -i, -ian, -iang, -in, -ing, -iong 중의 i를 발음할 때
  [보기] bi, dian, liang, pin, ning, qiong

→ [ɿ] : 성모 z, c, s의 발음 부위로 「으」 소리를 낸다.

- 성모 z, c, s와 어울려서만 소리를 낸다.
  [보기] zi, ci, si

→ [ʅ] : 성모 zh, ch, sh, r의 발음 부위로 「으」 소리를 낸다.

- 성모 zh, ch, sh, r와 어울려서만 소리를 낸다.
  [보기] zhi, chi, shi, ri

■ 그러나 이 세 가지 소리는 제각기에 맞는 닿소리를 가지고 있으므로, 그냥 대표문자 [i]로서 표기된다. 절대로 서로 섞이지 않는다.

(4) o로 표기되는 여러 가지 소리

o → [o] : 입을 둥글게 반쯤 벌리고 혀뿌리를 약간 높게 하여 「오」 소리를 낸다.

- ou, -uo 중의 o를 발음할 때
  [보기] ou, pou, tuo

→ [ɯ] : [o] 발음과 같이 하되 혀뿌리만 조금 낮춘다.

- ao, -iao, -ong, -iong 중의 o를 발음할 때
  [보기] ao, pao, miao, cong, jiong

(5) u로 표기되는 여러 가지 소리

u → [u] : 입술을 동그랗게 오므리고 혀를 높게 하며 혀뿌리는 더욱 높여 연구개에 접근시키고 「우」 소리를 낸다.

- -u, -ua, -uo, -uai, -ui, -iu, -uan, -un, -uang 중의 u를 발음할 때
  [보기] zu, zhua, shuo, kuai, rui, diu, huan, gun, kuang

→ [y] : 혀의 위치는 [i]와 같이 하고 입술은 둥글게 하여 「위」 소리를 낸다.

- 성모 y, j, q, x와 결합되는 u는 모두 [y]의 발음을 한다.
  [보기] yu, ju, que, xuan, yun

(6) ü로 표기되는 소리

ü → [y] : 앞의 [y] 발음과 같다.

- nü, nüe, lü, lüe의 네 가지에서만 ü를 사용하여 [y] 소리를 낸다.

2. 성조(声调)

성조란 汉语 음절의 고저장단을 나타내는 음의 조화를 말하는데, 성조는 단순히 음의 고저장단만을 나타내는 것이 아니라 뜻을 변별하는 요소이기도 하다. 그래서 같은 성모와 운모로 이루어진 음절이라 하더라도 성조가 다르면 뜻이 아주 달라지므로 정확한 성조의 구사는 중국어를 잘하는 것과 곧바로 직결되어 있다고 할 수 있다.

(1) 사성(四声)

북경어에는 제1성, 제2성, 제3성, 제4성의 네 가지 기본적인 성조가 있는데 이를 四声이라고 한다. 四声의 고저장단을 그림으로 나타내면 다음과 같다.

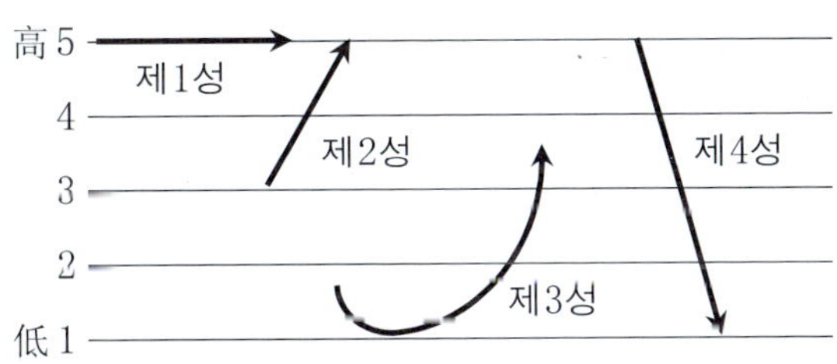

- 제1성 (55) : 높고 평탄하게 끄는 소리를 낸다.
  mā 妈　　shān 山　　zhōng 中
- 제2성 (35) : 짧게 끌어올린다.
  má 麻　　míng 明　　guó 国
- 제3성 (214) : 낮게 누르는 소리로 시작하여 낮은 소리를 잠시 지속하다가 끝부분은 재빨리 끌어올린다.
  mǎ 马　　shuǐ 水　　guǎng 广
- 제4성 (51) : 단숨에 끊어 내린다.
  mà 骂　　xiù 秀　　dà 大

(2) 성조부호 표기

각 성조의 부호는 그 내는 소리의 높낮이 모양을 본떠서 제1성(ˉ), 제2성(ˊ), 제3성 (ˇ), 제4성(ˋ)으로 표시한다.

성조부호는 각 음절의 주요 모음 위에 표시한다. 주요 모음이란 상대적이긴 하지만, 발음할 때 입이 크게 벌어지고 소리가 비교적 길게 나는 모음을 말한다.

성조부호의 표시 위치를 정리하면 다음과 같다.

<성조부호의 표시 위치>

운모의 종류	단운모	복합운모	비음운모
a	ā	āi, āo, -iā, -iāo, -uāi	ān, āng, -iān, -iāng, -uān, -uāng, -üān
o	ō	ōu, -uō	-ōng, -iōng
e	ē	ēi, -iē	ēn, ēng

- ■ a → o, e → i, u의 순으로 주요 모음이 된다.
- ■ i와 u가 같이 오는 운모는 마지막 모음에 표시한다. (보기: diū, duī)
- ■ ü는 ü위에 그대로 표시한다. (보기: nü)
- ■ i에 표시할 때는 i의 점을 없애고 그 위에 표시한다. (보기: yī)

(3) 경성(轻声)

어떤 음절은 그것의 본래 성조와 상관없이 짧고 가볍게 발음되는 경우가 있다. 이러한 음을 경성이라고 하는데, 경성음은 앞 음절 성조의 영향을 받아 음의 높이가 달라진다. 그림으로 나타내면 다음과 같다. ■ 경성은 성조부호가 없다.

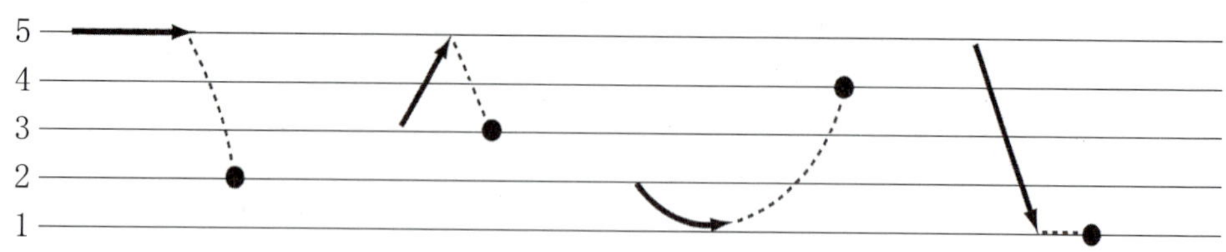

제1성+경성	제2성+경성	제3성+경성	제4성 + 경성
gēge 哥哥	péngyou 朋友	jiějie 姐姐	mèimei 妹妹
tāmen 他们	shénme 什么	nǐmen 你们	kèqi 客气

(4) 四声의 성조변화

말을 할 때 여러 개의 음절이 연이어 발음되면서 서로 이웃하는 음절의 영향을 받아 성조의 변화가 나타나게 된다. 이는 발음을 매끄럽게 연결시키려는 자연스런 현상으로서 여기에는 몇 가지의 규칙적인 변화가 있다.

1) 제3성의 변화

① 제3성이 두 개 연이어 있으면 앞의 것은 제2성으로 발음된다.

■ 성조부호의 표기는 바꾸지 않는다.

제3성 + 제3성 → 제2성 + 제3성

shǒubiǎo → shóubiǎo 手表
yǔsǎn → yúsǎn 雨伞

② 제3성의 뒤에 제1성, 제2성, 제4성, 경성이 오면 제3성은 반3성으로 발음된다.

■ 반3성이란 제3성의 낮게 누르는 앞부분만 발음하고 뒤의 상승조는 발음하지 않는 발음방법을 말한다.

제3성	+	제1성 제2성 제4성 경 성	→	반3성	+	제1성 제2성 제4성 경 성

• 제3성 + 제1성

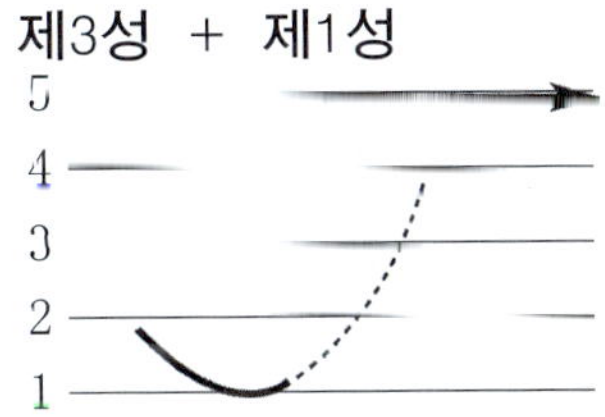

Běijīng 北京
lǎoshī 老师

• 제3성 + 제2성

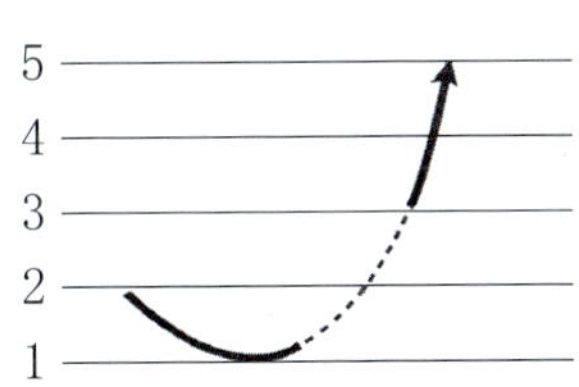

huǒchái 火柴
lǚxíng 旅行

• 제3성 + 제4성

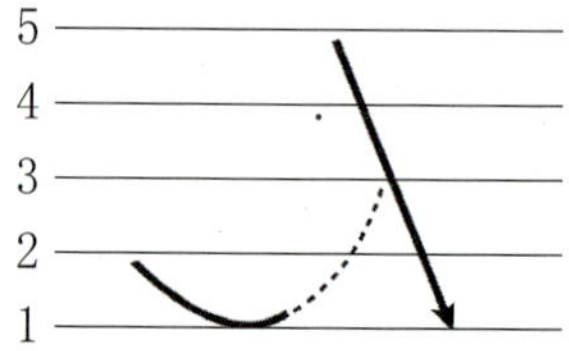

kǎoshì 考试
zǎofàn 早饭

• 제3성 + 경성

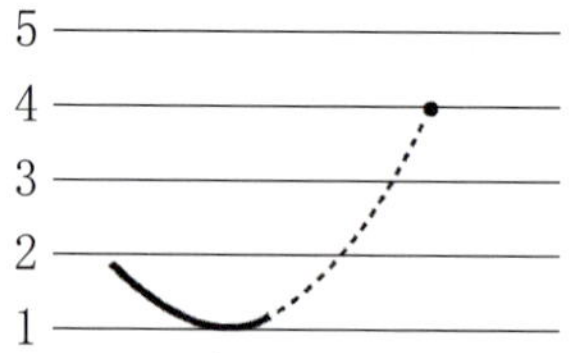

xǐhuan 喜欢
hǎode 好的

■ 그러므로 제3성은 단독으로 쓰이거나 문장의 끝에 올 때만 제3성으로 발음되며, 그 나머지 모든 경우에는 제2성 아니면 반3성으로 발음된다.

2) 「不」의 성조변화

「不」의 본래 발음은 제4성 [bù]이나, 뒤에 제4성 음절이 이어지면 제2성으로 발음된다.

bù + 제4성 → bú + 제4성

bù qù → bú qù 不去
bù kàn → bú kàn 不看

3) 「一」의 성조변화

「一」의 본래 발음은 제1성 [yī]이나, 뒤에 다른 음절이 오면 성조가 바뀐다.
① yī는 뒤에 제1성, 제2성, 제3성이 오면 제4성으로 발음된다.

yī + 제1성 → yì + 제1성

yībān → yìbān 一般

yī + 제2성 → yì + 제2성

yīnián → yìnián 一年

yī + 제3성 → yì + 제3성

yībǎi → yìbǎi 一百

② yī는 뒤에 제4성이 오면 제2성으로 발음된다.

yī + 제4성 → yí + 제4성

yīgòng → yígòng 一共

(5) 儿化(er화)

卷舌韵母 'er'이 다른 음절의 운모 뒤에 붙어 그 운모를 권설운모로 만드는 현상을 '儿化'라고 한다.

nǎ → nǎr 哪儿
yìdiǎn → yìdiǎnr 一点儿

'儿化'된 운모의 汉语拼音 표기는 운모 끝에 'r'만 붙여주면 되나, 발음에 있어서는 여러 가지 변화가 생기게 된다. 발음 변화의 상황은 다음의 표와 같다.

<운모의 儿化>

분류	운모	er화된 운모의 실제 독음	독음방법
1	a	ar	r음을 첨가한다
	-ia	-iar	
	-ua	-uar	
	o	or	
	ao	aor	
	-iao	-iaor	
	-uo	-uor	
	e	er	
	-ie	-ier	
	-üe	-üer	
	-u	-ur	
	ou	our	
	-iu	-iur	
2	-ai	ar	i 또는 n음을 생략하고 r음을 첨가한다
	-uai	-uar	
	ei	ər	
	an	ar	
	-ian	-iɛr	
	-uan	-uar	
	-üan	-üɛr	
	en	ər	
3	-i	-iər	ər음을 첨가한다
	-ü	-üər	
4	-i[ɿ]	-ər	i, n음을 생략하고 ər음을 첨가한다
	-i[ɾ]	-ər	
	-ui	-uər	
	-in	-iər	
	-un	-uər	
	-ün	-üər	
5	ang	ãr	ng음을 생략하고 r음을 첨가하며 a, o, e를 비음화한다
	-iang	-iãr	
	-uang	-uãr	
	eng	ẽr	
	-ong	-õr	
	-iong	-iõr	

3. 발음 연습

① 제1성 + 제1・2・3・4성

1+1	jiāoshū	教书
	zhuānjiā	专家
	kāfēi	咖啡
1+2	shēngcí	生词
	Zhōngguó	中国
	huānyíng	欢迎
1+3	shēntǐ	身体
	jiābǎo	家宝
	hē jiǔ	喝酒
1+4	qīngjìng	清静
	yuēhuì	约会
	yīyuàn	医院

② 제2성 + 제1・2・3・4성

2+1	dú shū	读书
	huí jiā	回家
	shíjiān	时间
2+2	Hánguó	韩国
	xuéxí	学习
	értóng	儿童
2+3	yúncǎi	云彩
	Héběi	河北
	yóuyǒng	游泳

2+4	xuéxiào	学校
	xíguàn	习惯
	shízài	实在

③ 제3성 + 제1·2·3·4성

3+1	xiǎoxīn	小心
	chǎnkē	产科
	jiǎndān	简单
3+2	hǎowán	好玩
	jiějué	解决
	cǎopíng	草坪
3+3	jǐ diǎn	几点
	shǒubiǎo	手表
	yǔsǎn	雨伞
3+4	zǎofàn	早饭
	kǎoshì	考试
	hǎokàn	好看

④ 제4성 + 제1·2·3·4성

4+1	miànbāo	面包
	fàng xīn	放心
	kuàichē	快车
4+2	mùqián	目前
	qìyóu	汽油
	màimíng	卖名
4+3	lìshǐ	历史
	diànyǐng	电影
	qiàhǎo	恰好

4+4	zàijiàn	再见
	diànhuà	电话
	biànfàn	便饭

⑤ 제1·2·3·4성 + 경성

1+경성	xiānsheng	先生
	dōngxi	东西
	bēizi	杯子
2+경성	xuésheng	学生
	míngbai	明白
	biéde	别的
3+경성	xǐhuan	喜欢
	hǎode	好的
	zǎoshang	早上
4+경성	mèimei	妹妹
	gàosu	告诉
	kèqi	客气

⑥ 문장 읽기

Nǐ hǎo!	你好！
Zàijiàn!	再见！
Qǐng hē chá。	请喝茶。
Nǐ shēntǐ hǎo ma?	你身体好吗?
Zhè shì shéi de shū?	这是谁的书?
Zuò shénme chē qù?	坐什么车去?
Wǒ qǐng nǐ chī fàn。	我请你吃饭。
Děng tā húilai zài shuō。	等他回来再说。
Jīntiān xīngqī jǐ?	今天星期几?
Nǐ shàng nǎr qù?	你上哪儿去?

Shénme shíhou xià kè?	什么时候下课?
Jīntiān yǒu méiyou kè?	今天有没有课?
Zěnme hái méi huílai?	怎么还没回来?
Wǒ bù xiǎng chī dōngxi。	我不想吃东西。
Yǒu yìdiǎnr bù shūfu。	有一点儿不舒服。
Qǐng nǐ gàosu wǒ。	请你告诉我。
Qǐng jiào nín yí jiàn shì。	请教您一件事。
Shéi jiāo nǐ Zhōngwén?	谁教你中文?
Shíjiān guò de zhēn kuài。	时间过得真快。

알기 쉽고 배우기 쉬운

알찬 중국어

회화편(会话篇)

第 1 课

你好!

대화 1

小龙：你好!
Nǐ hǎo!

小明：你好!
Nǐ hǎo!

老师：大家好!
Dàjiā hǎo!

大家：老师好!
Lǎoshī hǎo!

小龙：再见!
Zàijiàn!

小明：明天见!
Míngtiān jiàn!

小龙 : 안녕하세요!
小明 : 안녕하세요!
老师 : 모두들 안녕하세요!
大家 : 선생님 안녕하세요!
小龙 : 안녕히 계세요!
小明 : 내일 만나요!

대화 2

小龙：您贵姓?

Nín guì xìng?

小明：我姓李。

Wǒ xìng Lǐ。

小龙：您贵姓?

Nín guì xìng?

小明：我姓王，叫王小明。

Wǒ xìng Wáng, jiào Wáng XiǎoMíng。

小龙：认识你很高兴。

Rènshi nǐ hěn gāoxìng。

小明：认识你我也很高兴。

Rènshi ni wǒ yě hěn gāoxìng。

小龙：당신 성씨가 어떻게 되십니까?
小明：저는 李가 입니다.
小龙：당신 성씨가 어떻게 되십니까?
小明：저는 성은 왕이고, 왕시아오밍이라고 합니다.
小龙：당신을 알게 되어 반갑습니다.
小明：당신을 알게 되어서 저도 기쁩니다.

새 낱말(生词)

你	nǐ	【대】 너, 당신
好	hǎo	【형】 좋은, 좋다
大家	dàjiā	【대】 모두
小龙	Xiǎolóng	【인명】 시아오롱
小明	Xiǎomíng	【인명】 시아오밍
老师	lǎoshī	【명】 선생님
再见	zàijiàn	안녕, 다시 봅시다
明天	míngtiān	【명】 내일
见	jiàn	【동】 보다, 만나다
您	nín	【대】 당신, 你보다 높이는 경칭이다
贵	guì	【형】 귀한, 상대방의 성씨 앞에 붙여서 존경을 나타낼 때
姓	xìng	【동】 성이 …이다. …을 성으로 하다
我	wǒ	【대】 나, 저
李	Lǐ	성(姓)
王	Wáng	성(姓)
叫	jiào	【동】 (이름을) …라고 하다. …이다
认识	rènshi	【동】 알다. 인식하다
很	hěn	【부】 아주, 매우
高兴	gāoxìng	【형】 기쁘다, 즐겁다
也	yě	【부】 …도 또한, 역시

어법과 해설

1. 你好!

사람을 만났을 때 쓰는 가장 일상적인 인사말이다. "你好吗?"라고 하기도 한다.

2. 再见!

작별할 때 쓰는 대표적인 인사말이다. 매일 만나는 사이의 경우 '내일 보자'라는 의미에서 "明天见"이라고 하기도 한다.

3. 인칭대명사

인 칭	단 수	복 수
1인칭	我(wǒ)	我们(wǒmen)
2인칭	你/您(nǐ / nín)	你们(nǐmen)
3인칭	他(tā) 她(tā) 它(tā)	他们(tāmen) 她们(tāmen) 它们(tāmen)

4. 您贵姓?

상대방의 성씨를 묻는 말로, 상대방이 주로 자기보다 나이가 많거나 사회적인 신분이 높을 경우에 사용한다. 중국인은 일반적으로 성을 먼저 물으며, 그 다음에 이름을 묻는다.

你叫什么名字?

Nǐ jiào shénme míngzi?

동년배나 비슷한 연배의 이름을 물을 때 사용하는 표현이다.

5. 叫

叫는 '~라고 부르다, 불리다'로서 인사, 소개할 때 쓰인다.

我叫李小龙。
Wǒ jiào Lǐ Xiǎolóng。

他叫小明。
Tā jiào Xiǎomíng。

6. 认识你很高兴

'만나서 반갑다'는 의미의 관용적 표현이다.

7. 小○

중국에서 가깝고 만만한 사이일 때 이름을 다 부르지 않고 '小○'라고 부른다. 예를 들어 이름 끝자가 '明'또는 '龙'이면, '小明' 또는 '小龙'이라고 부른다. 본디 이름이 '小龙'일 때는 말할 것도 없이 그냥 '小龙'이다.
나이 든 사람끼리는 이름 끝자가 아니라 성에다가 '老'를 붙여 '老○'라고 서로 부른다.

낱말 더 배우기 (加强词汇)

什么	[shénme]	무엇, 무슨, 어떤
名字	[míngzi]	이름
她	[tā]	그녀

중국어란?

중국어는 낱말의 활용이 없고, 단어들의 짜임과 차례가 바뀌지 않는 单音节语이다. 이를 언어학에서는 孤立语(独立语)라고 부른다. 이와 같은 것으로는 티벳어(藏语)가 대표적인 혈연어로 꼽히며, 미얀마 · 타이 등의 언어와도 매우 가깝다. 그러나 우리가 여기서 강조하는 바는, 언어구조(문법적)의 차이로 혈연의 친소관계를 나누는데, 한국어 · 일본어 · 월남어 등에 적지 않은 중국의 문자(文字)가 들어와 쓰이고 있으나, 이들의 작용은 어휘 분야에서만 일정의 몫을 차지할 따름이지, 언어의 문법적 계통 기능과는 전혀 관계 없다는 사실이다. 그러므로 한국어 · 일본어 · 월남어 등은 중국어와는 별개의 언어이며, 종족의 혈연상으로는 아무 관계가 없는 집단이 되는 것이다.

이런 것들이 '中国语'를 배우는 데 미리 알고 있어야 할 가장 기초적인 지식으로서, 비록 아주 쉽게 서술했지만, 앞으로 이 언어를 배우는데 있어서 늘 염두에 두고 있어야 하는 중요한 지침들이다.

第 2 课

怎么样？

대화 1

小龙：你好吗?

Nǐ hǎo ma?

小美：我很好。

Wǒ hěn hǎo。

小龙：你最近身体怎么样?

Nǐ zuìjìn shēntǐ zěnmeyàng?

小美：还行。你呢?

Hái xíng。Nǐ ne?

小龙：我也很好。你最近学习怎么样?

Wǒ yě hěn hǎo。Nǐ zuìjìn xuéxí zěnmeyàng?

小美：还可以。

Hái kěyǐ。

小龙：안녕, 잘지내니?
小美：나 잘 지내.
小龙：너 요즘 건강은 어떠니?
小美：괜찮은 편이야, 너는?
小龙：나도 좋아. 너 요즘 공부는 어떠니?
小美：그럭저럭 괜찮아.

대화 2

小强：你最近忙吗?

Nǐ zuìjìn máng ma?

小明：我最近不太忙。

Wǒ zuìjìn bú tài máng。

小强：你爱人和孩子都好吗?

Nǐ àirén hé háizi dōu hǎo ma?

小明：他们都挺好。

Tāmen dōu tǐng hǎo。

小强：你爸爸妈妈怎么样?

Nǐ bàba māma zěnmeyàng?

小明：他们也很好。谢谢。

Tāmen yě hěn hǎo。Xièxie。

小强：不客气。

Bú kè qi。

小强：너 요즘 바쁘니?
小明：요즘에는 별로 바쁘지 않아.
小强：부인과 아이는 모두 잘 지내니?
小明：모두 잘 지내고 있어.
小强：네 아빠와 엄마는 어떠시니?
小明：그분들도 모두 잘 계셔. 고마워.
小强：천만에. (별 말씀을.)

새 낱말(生词)

最近	zuìjìn	【명】 요즘, 최근
身体	shēntǐ	【명】 신체, 몸, 건강
怎么样	zěnmeyàng	【대】 어때요, 어떠하니
还	hái	【부】 그런대로, 그래도, 여전히
行	xíng	【형】 괜찮다, 좋다
呢	ne	【조】 문장 끝에 써서 의문의 어기를 나타냄
学习	xuéxí	【명·동】 공부(하다), 학습(하다)
可以	kěyǐ	【형】 좋다, 괜찮다
忙	máng	【형】 바쁘다
吗	ma	【조】 문장 끝에 써서 의문의 어기를 나타냄
不	bù	【부】 아니다
太	tài	【부】 매우, 몹시
爱人	àirén	【명】 배우자, 남편 또는 아내
和	hé	【접】 …와, …과
孩子	háizi	【명】 아이, 자녀
他	tā	【대】 그, 그 사람
他们	tāmen	【대】 그들, 그(저) 사람들
都	dōu	【부】 모두
挺	tǐng	【부】 매우
爸爸	bàba	【명】 아빠
妈妈	māma	【명】 엄마
谢谢	xièxie	감사합니다, 고맙습니다
不客气	búkèqi	천만에요, 원 별말씀을요

어법과 해설

1. 중국어의 문장성분

중국어의 문장성분에는 주어(主语), 술어(谓语), 목적어(宾语), 관형어(定语), 부사어(状语), 보어(补语) 등이 있다.

2. 형용사 술어문

형용사가 술어로 쓰인 문장을 말한다. 형용사가 술어로 올 경우 일반적으로 단독으로 오지 않고 '很'과 같은 부사를 동반한다.

她很漂亮。

Tā hěn piàoliang。

工作很忙。

Gōngzuò hěn máng。

다만 의문이나 대조를 이루는 내용의 문장일 경우 형용사 단독으로 문장을 이룰 수 있다.

他忙，我不忙。

Tā máng, wǒ bù máng。

她不漂亮吗?

Tā bú piàpliang ma?

부정을 나타낼 때는 술어 앞에 놓여 부정부사 '不'를 붙인다.

她不太漂亮。

Tā bútài piàoliang。

我不看书。

Wǒ bú kàn shū。

3. 怎么样?

의문대명사로 '어때요?'라는 의미이다.

老师最近怎么样?

Lǎoshī zuìjìn zěnmeyàng?

她怎么样?

Tā zěnmeyàng?

4. 还行=还可以

'그럭저럭 괜찮다'는 의미로 쓰인다.

5. 吗?

의문조사로 문장의 끝에 써서 의문을 나타낸다.

6. 你呢?

앞의 화제를 이어받아 상대방이 질문한 것과 같은 내용을 물을 때 사용한다. 주로 명사나 대명사의 뒤에 붙어 생략 의문문의 역할을 한다.

我去百货商店, 你呢?

Wǒ qù bǎihuòshāngdiàn, nǐ ne?

(=我去百货商店, 你去哪儿?)

(Wǒ qù bǎihuòshāngdiàn, nǐ qù nǎr?)

你的书包呢? (=你的书包在哪儿?)

Nǐ de shūbāo ne? (Nǐ de shūbāo zài nǎr?)

7. 不

부정부사로 동사나 형용사 앞에 놓여 부정을 나타낸다. '不' 뒤에 따라 나오는 말이 4성이면 2성으로 발음한다.

我不忙。

Wǒ bù máng。

最近不太好。

Zuìjìn bú tài hǎo。

8. 不客气

상대방이 감사의 뜻을 표할 때, 이에 대해 겸손하게 화답하는 말이다.

낱말 더 배우기(加强词汇)

漂亮	[piàoliang]	예쁘다
工作	[gōngzuò]	일
看	[kàn]	보다
书	[shū]	책
白货商店	[bǎihuòshāngdiàn]	백화점
去	[qù]	가다
哪儿	[nǎr]	어디, 어느 곳
书包	[shūbāo]	책가방

第 3 课

他是谁？

대화 1

小明：他是谁?
Tā shì shéi?

小龙：他是我的同学。
Tā shì wǒ de tóngxué。

小明：他是中国人吗?
Tā shì Zhōngguórén ma?

小龙：他不是中国人，他是韩国人。
Tā bú shì Zhōngguórén, tā shì Hánguórén。

小明：她也是你的同学吗?
Tā yě shì nǐ de tóngxué ma?

小龙：她不是同学，她是老师。
Tā bú shì tóngxué, tā shì lǎoshī。

小明：그 사람은 누구니?
小龙：그는 나의 학교 친구야.
小明：그 사람은 중국 사람이니?
小龙：그는 중국 사람이 아니야. 한국 사람이야.
小明：그녀도 너의 학교 친구이니?
小龙：그 분은 학교 친구가 아니라 선생님이셔.

대화 2

小明：爸爸，您做什么？
Bàba, nín zuò shénme?

爸爸：我看电视。
Wǒ kàn diànshì。

爸爸：你做什么？
Nǐ zuò shénme?

小明：我学习汉语。
Wǒ xuéxí Hànyǔ。

爸爸：你喜欢学习汉语吗？
Nǐ xǐhuan xuéxí Hànyǔ ma?

小明：是，我喜欢学习汉语。
Shì, wǒ xǐhuan xuéxí Hànyǔ。

小明 : 아빠, 무엇 하세요?
爸爸 : 텔레비전 본다.
爸爸 : 너는 무엇을 하니?
小明 : 저는 중국어를 공부하고 있습니다.
爸爸 : 너는 중국어 공부하기가 좋니?
小明 : 예, 저는 중국어 공부하는 것을 좋아합니다.

| 새 낱말(生词) |

是	shì	【동】…이다
谁	shéi	【대】누구
的	de	【조】…의
同学	tóngxué	【명】학우, 급우
中国人	Zhōngguórén	【명】중국인
韩国人	Hánguórén	【명】한국인
做	zuò	【동】하다
什么	shénme	【대】무엇, 무슨
电视	diànshì	【명】텔레비전
汉语	Hànyǔ	【명】중국어
喜欢	xǐhuan	【동】좋아하다

어법과 해설

1. '是'자문

'是'자문이란 '是'가 술어로 쓰인 문장을 말한다. 주로 'A是B'('A는 B이다')라는 형식으로 사용되며, 이를 부정할 때는 '是'앞에 '不'를 붙인다.

我是老师。
Wǒ shì lǎoshī。

我是留学生。
Wǒ shì liúxuéshēng。

他是中国人。
Tā shì Zhōngguórén。

她不是留学生。
Tā bú shì liúxuéshēng。

2. 谁와 什么

‘谁’는 사람을 나타내는 의문대명사 ‘누구’의 의미이며, ‘什么’는 사물을 나타내는 의문대명사로 ‘무엇’ 또는 ‘무슨’의 의미로 쓰인다.

你是谁? Nǐ shì shéi?	你知道什么? Nǐ zhīdao shénme?
谁告诉你? Shéi gāosu nǐ?	你看什么? Nǐ kàn shénme?

3. 的

구조조사로 관형어를 이끌어 명사를 수식할 때 사용한다. 주로 관형어의 소유관계를 나타낸다.

我的词典 Wǒ de cídiǎn	我姐姐的孩子 Wǒ jiějie de háizi
他的名字 Tā de míngzi	我爸爸的书 Wǒ bàba de shū

관형어가 대명사이고 수식받는 명사가 친구나 가족, 소속기관 등을 나타낼 경우 ‘的’를 쓰지 않아도 된다.

我朋友 Wǒ péngyou	我们班 Wǒmen bān
他姐姐 Tā jiějie	我们单位 Wǒmen dānwèi

관형어가 수식받는 명사의 성질을 설명할 경우에도 일반적으로 ‘的’를 쓰지 않는다.

美国人
Méiguórén

汉语书
Hànyǔ shū

好老师
hǎo lǎoshī

4. 동사술어문

동사가 술어로 쓰인 문장을 말한다. 동사술어문의 어순은 주어와 술어로 되어 있는 경우 '주어+술어', 목적어가 있는 경우 '주어+술어+목적어'의 순서로 문장을 이룬다.

他	说。
주어	술어

他	说	话。
주어	술어	목적어

我	看	电影。
주어	술어	목적어

동사 앞에 '不'를 붙이면 부정이 된다.

我看。
Wǒ kàn。

我不看。
Wǒ bú kàn。

我唱歌。
Wǒ chàng gē。

我不唱歌。
Wǒ bú chàng gē。

我去中国。
Wǒ qù Zhōngguó。

我不去中国。
Wǒ bú qù Zhōngguó。

낱말 더 배우기(加强词汇)

留学生	[liúxuéshēng]	유학생
告诉	[gàosu]	말하다, 알리다
知道	[zhīdao]	알다
词典	[cídiǎn]	사전
名字	[míngzi]	이름
姐姐	[jiějie]	언니, 누나
朋友	[péngyou]	친구
班	[bān]	반
单位	[dānwèi]	직장, 회사
美国人	[Měiguórén]	미국인
电影	[diànyǐng]	영화
唱	[chàng]	노래부르다
歌	[gē]	노래

莫逆之交

mò nì zhī jiāo

마음이 서로 맞아 거스르는 일이 없어 살고 죽고 흥하고 망하는 것을 함께 할 수 있는 친구, 즉 매우 친한 관계로의 사귐을 말함.

第 4 课

有课

대화 1

小明：小龙，你好！
Xiǎolóng, nǐ hǎo!

小龙：你去哪儿？
Nǐ qù nǎr?

小明：我去学校。
Wǒ qù xuéxiào。

小龙：你有课吗？
Nǐ yǒu kè ma?

小明：今天我没有课。我去图书馆。你呢？
Jīntiān wǒ méiyǒu kè。Wǒ qù túshūguǎn。Nǐ ne?

小龙：上午我没有课，下午有课。
Shàngwǔ wǒ méiyǒu kè, xiàwǔ yǒu kè。

小明：好，我们下次见。
Hǎo, wǒmen xiàcì jiàn。

小明：시아오롱, 안녕!
小龙：너 어디 가니?
小明：나는 학교에 가.
小龙：너 수업 있니?
小明：나는 오늘 수업은 없어. 난 도서관에 가. 너는?
小龙：나는 오전에는 수업이 없고, 오후에 수업이 있어.
小明：그래, 우리 다음에 보자.

대화 2

小明：你的房间怎么样？

Nǐ de fángjiān zěnmeyàng?

小龙：还可以，但不是很大。

Hái kěyǐ, dàn bú shì hěn dà。

小明：房间里有什么？

Fángjiān li yǒu shénme?

小龙：有一张床、一张桌子，两把椅子和一台电脑。

Yǒu yì zhāng chuáng, yì zhāng zhuōzi, liǎng bǎ yǐzi hé yì tái diànnǎo。

小明：你妹妹的房间里也有电脑吗？

Nǐ mèimei de fángjiān li yě yǒu diànnǎo ma?

小龙：没有。我哥哥的房间里有电脑。

Méiyǒu。Wǒ gēge de fángjiān li yǒu diànnǎo。

小明：哥哥的房间大不大？

Gēge de fángjiān dà bu dà?

小龙：他的房间比较大。

Tā de fángjiān bǐjiào dà。

小明 : 너의 방은 어때?
小龙 : 괜찮아, 그러나 아주 크지는 않아.
小明 : 방 안에는 무엇이 있니?
小龙 : 침대 하나와 탁자 하나, 그리고 걸상 두 개와 컴퓨터 한 대가 있어.
小明 : 네 여동생의 방에도 컴퓨터가 있니?
小龙 : 없어. 우리 형 방에는 컴퓨터가 있어.
小明 : 형의 방은 크니?
小龙 : 형의 방은 비교적 커.

| 새 낱말(生词) |

学校	xuéxiào	【명】 학교
有	yǒu	【동】 가지고 있다
课	kè	【명】 수업
今天	jīntiān	【명】 오늘
没	méi	【동】 없다
图书馆	túshūguǎn	【명】 도서관
上午	shàngwǔ	【명】 오전
下午	xiàwǔ	【명】 오후
下次	xiàcì	【명】 다음 번
房间	fángjiān	【명】 방
但	dàn	【접】 하지만
大	dà	【형】 크다
里	li	【명】 안, 속
张	zhāng	【양】 장(넓은 표면을 가진 것을 세는 단위)
床	chuáng	【명】 침대
桌子	zhuōzi	【명】 탁자, 테이블
两	liǎng	【수】 둘
把	bǎ	【양】 자루(자루가 있는 것을 세는 단위)
椅子	yǐzi	【명】 의자, 걸상
台	tái	【양】 대(기계, 차량 따위를 세는 단위)
电脑	diànnǎo	【명】 컴퓨터
妹妹	mèimei	【명】 누이동생
哥哥	gēge	【명】 형, 오빠
比较	bǐjiào	【부】 비교적

어법과 해설

1. 哪儿

장소를 나타내는 의문대명사이다. ('어디, 어느 곳')

你去哪儿? (=你上哪儿? 你去什么地方?)

Nǐ qù nǎr?　(Nǐ shàng nǎr? Nǐ qù shénme dìfang?)

我去学校。
Wǒ qù xuéxiào.

2. 有

'有'는 소유를 나타내는 동사이다. 'A가 B를 가지고 있다'라고 할 때 'A+有+B'의 형식을 가지며, 부정형은 '不有'가 아니라 '没有'이다.

我们学校有很多中国学生。
Wǒmen xuéxiào yǒu hěn duō Zhōngguó xuésheng。

我有姐姐和弟弟。
Wǒ yǒu jiějie hé dìdi。

他的宿舍里没有冰箱。
Tā de sùshè li méiyǒu bīngxiāng。

3. 양사

우리말의 '책 한 권', '물 한 컵'처럼 사물의 수량을 세는 단위를 양사(量词)라고 한다. 수사와 양사는 일반적으로 함께 사용되는데, 어순은 '수사+양사+명사'이다. 간단히 몇 가지를 소개하면 다음과 같다.

一个人
yí ge rén

一个小时
yí ge xiǎoshí

一个东西
yí ge dōngxi

一本书
yì běn shū

一本杂志
yì běn zázhì

一本辞典
yì běn cídiǎn

一张照片
yì zhāng zhàopiàn

一张桌子
yì zhāng zhuōzi

一张纸
yì zhāng zhǐ

一把椅子
yì bǎ yǐzi

一把伞
yì bǎ sǎn

一把刀
yì bǎ dāo

一台电脑
yì tái diànnǎo

一台电视
yì tái diànshì

一台收音机
yì tái shōuyīnjī

4. 1성 '一'의 성조변화

'一'는 본래 1성이지만, 뒤에 나오는 낱말의 성조가 1, 2, 3성일 때는 4성으로, 뒤의 성조가 4성일 때는 2성으로 바뀌 발음한다.

5. 和

두 개의 명사 혹은 대명사를 동등하게 이어주는 접속사로, 우리말의 '…와/…과'에 해당된다.

老师和我们一起去旅行。

Lǎoshī hé wǒmen yìqǐ qù lǚxíng。

我和朋友一起吃饭。

Wǒ hé péngyou yìqǐ chī fàn。

6. 정반의문문

술어로 쓰인 동사나 형용사의 긍정형과 부정형을 병렬해서 만드는 의문문의 형태이다. '吗'를 사용한 일반의문문과 의미는 같다.

明天你来不来？ (=明天你来吗?)

Míngtiān nǐ lái bu lái? (Míngtiān nǐ lái ma?)

你是不是我们学校的学生？

Nǐ shì bu shì wǒmen xuéxiào de xuésheng?

(=你是我们学校的学生吗?)

(Nǐ shì wǒmen xuéxiào de xuésheng ma?)

图书馆大不大？ (=图书馆大吗?)

Túshūguǎn dà bú dà? (Túshūguǎn dà ma?)

낱말 더 배우기(加强词汇)

上	[shàng]	가다
多	[duō]	많나
学生	[xuésheng]	학생
弟弟	[dìdi]	남동생
宿舍	[sùshè]	기숙사
冰箱	[bīngxiāng]	냉장고
个	[ge]	개(양사)
小时	[xiǎoshí]	시간
东西	[dōngxi]	물건
本	[běn]	권
杂志	[zázhì]	잡지
照片	[zhàopiàn]	사진
纸	[zhǐ]	종이
伞	[sǎn]	우산
刀	[dāo]	칼
收音机	[shōuyīnjī]	라디오
一起	[yìqǐ]	같이
旅行	[lǚxíng]	여행
吃	[chī]	먹다
饭	[fàn]	밥

第 5 课

几月几号？

대화 1

小龙：**你知道今天是什么日子吗?**
Nǐ zhīdao jīntiān shì shénme rìzi ma?

小明：**什么日子?**
Shénme rìzi?

小龙：**今天六月十八号，星期三。**
Jīntiān liù yuè shíbā hào, xīngqīsān。

小明：**我知道。六月十八号什么日子?**
Wǒ zhīdao。Liù yuè shíbā hào shénme rìzi?

小龙：**我的生日！**
Wǒ de shēngrì！

小龙 : 너 오늘이 무슨 날인지 아니?
小明 : 무슨 날인데? (무슨 날이라니?)
小龙 : 오늘은 6월 18일 수요일이야.
小明 : 알고 있어. 6월 18일이 무슨 날인데?
小龙 : 내 생일이지!

小明：你的生日?

Nǐ de shēngrì?

小龙：你不知道?

Nǐ bù zhīdao?

小明：对不起，我不知道。

Duìbuqǐ, wǒ bùzhīdao。

小龙：没关系。

Méiguānxi。

小明：네 생일?
小龙：너 몰랐니?
小明：미안해, 나 몰랐어.
小龙：괜찮아.

대화 2

小明：小龙，你知道今天是几月几号吗?

Xiǎolóng, nǐ zhīdao jīntiān shì jǐ yuè jǐ hào ma?

小龙：知道，今天四月十号。

Zhīdao, jīntiān sì yuè shí hào。

小明：知道今天是什么日子吗?

Zhīdao jīntiān shì shénme rìzi ma?

小龙：什么日子? 有什么特别的吗?

Shénme rìzi? Yǒu shénme tèbié de ma?

小明：今天是老师的生日!

Jīntiān shì lǎoshī de shēngrì!

小明 : 시아오롱, 너 오늘이 몇 월 몇 일인지 아니?
小龙 : 알아, 오늘은 4월 10일이야.
小明 : 오늘이 무슨 날인지 아니?
小龙 : 무슨 날인데? 무슨 특별한 날이야?
小明 : 오늘은 선생님의 생신이셔!

小龙：啊！我怎么不知道？
Ā! Wǒ zěnme bù zhīdao?

小明：小美没告诉你吗？
Xiǎoměi méi gàosu nǐ ma?

小龙：她说下个星期五。
Tā shuō xià ge xīngqīwǔ。

小明：她什么时候告诉你的？
Tā shénme shíhou gàosu nǐ de?

小龙：上个星期六。
Shàng ge xīngqīliù。

小龙 : 아, 내가 어떻게 몰랐지?
小明 : 시아오메이가 너한테 얘기하지 않았니?
小龙 : 걔는 다음 주 금요일이라고 했어.
小明 : 걔가 언제 너에게 말했는데?
小龙 : 지난 주 토요일에.

| 새 낱말(生词) |

日子	rìzi	【명】 날
六	liù	【수】 6, 여섯
月	yuè	【명】 월, 달
十八	shíbā	【수】 18, 열여덟
号	hào	【명】 일
星期三	xīngqīsān	【명】 수요일
生日	shēngrì	【명】 생일
对不起	duìbuqǐ	미안합니다
没关系	méiguānxi	괜찮다, 문제없다
几	jǐ	【대】 몇
四	sì	【수】 4, 넷
十	shí	【수】 10, 열
特别	tèbié	【형】 특별하다, 별다르다
怎么	zěnme	【대】 어떻게
小美	Xiǎoměi	【인명】 시아오메이(이름 가운데 美가 들어가는 사람)
说	shuō	【동】 말하다
下	xià	【명】 나중, 다음, 아래
什么时候	shénmeshíhou	언제
上	shàng	【명】 (순서의) 앞, 위
星期六	xīngqīliù	【명】 토요일

어법과 해설

1. 중국어의 숫자

一	二	三	四	五	六	七	八	九	十
yī	èr	sān	sì	wǔ	liù	qī	bā	jiǔ	shí

十一	十二	十三	…	二十	…	九十九	…	一百
shíyī	shíèr	shísān	…	èrshí	…	jiǔshíjiǔ	…	yìbǎi

一百零一	…	二百	…	九百九十	…	一千	…	一万
yìbǎilíngyī	…	èrbǎi	…	jiǔbǎijiǔshí	…	yìqiān	…	yíwàn

100	一百
101	一百零一
110	一百一(十)
1001	一千零一
1010	一千零一十
1100	一千一(百)
10001	一万零一
10100	一万零一百
2500	两千五(百)
25000	两万五(千)
20005	两万零五
20050	两万零五十

'一百', '一千', '一万'일 때는 ' '를 반드시 붙여서 읽어준다.
가운데에 '0'이 없는 경우 마지막 단위(十, 百, 千 따위)를 생략해도 된다.

3500　三千五百 또는 三千五
35000　三万五千 또는 三万五

그러나 숫자 뒤에 양사가 오면 생략하지 않는다.

35000元 三万五千块钱 [kuài qián]

구어체에서는 '元'보다 '块'를 많이 쓴다.

2. '二'과 '两'의 구별

'二'과 '两'은 둘 다 '2'를 나타내지만 용법이 다르다.

☑ 二[èr]로 쓸 때

① 숫자를 차례로 읽을 때 : 一, 二, 三…

② 20 : 二十

③ 서수를 나타낼 때: 二日, 二月, 二楼

☑ 两[liǎng]으로 쓸 때

① 양사와 함께 쓸 때 : 两个人, 两本书, 两个星期, 两个月, 两天, 两张桌子

② 两千, 两万, 两亿

3. 연월일 및 요일 표시법

☑ 연도 읽는 법

1996년 [yījiǔjiǔliù nián]

2009년 [èrlínglíngjiǔ nián]

☑ 12달 읽는 법

一月	二月	三月	四月	五月	六月
yīyuè	èryuè	sānyuè	sìyuè	wǔyuè	liùyuè
七月	八月	九月	十月	十一月	十二月
qīyuè	bāyuè	jiǔyuè	shíyuè	shíyīyuè	shíèryuè

☑ 날짜 읽는 법

一日(号)	二日(号)	三日(号)	…	三十一日(号)
yīrì (hào)	èrrì (hào)	sānrì (hào)	…	sānshíyīrì (hào)

☑ 요일 읽는 법

星期一	星期二	星期三	星期四	星期五	星期六	星期日(天)
xīngqīyī	xīngqīèr	xīngqīsān	xīngqīsì	xīngqīwǔ	xīngqīliù	xīngqīrì (tiān)

4. 어제, 오늘, 내일

前天	昨天	今天	明天	后天
qiántiān	zuótiān	jīntiān	míngtiān	hòutiān

5. 명사술어문

주어와 술어를 연결하는데 있어 '是'없이 명사나 명사구 혹은 수량사가 직접 술어가 되는 문장을 명사술어문이라고 한다. 주로 나이나 연월일, 요일, 출신지, 수량 등을 나타낼 때 사용한다.

今年二十一岁。
Jīnnián èrshíyī suì。

今天星期天。
Jīntiān xīngqītiān。

她上海人。
Tā Shànghǎirén。

这台电脑七千块钱。
Zhè tái diànnǎo qīqiān kuài qián。

6. 几

수량을 묻는 의문대명사로 묻는 숫자가 주로 10 이하로 예상될 경우에 쓰인다.

教室里有几个人?

Jiàoshì li yǒu jǐ ge rén?

有三个人。

Yǒu sān ge rén。

今天星期几?

Jīntiān xīngqījǐ?

今天星期三。

Jīntiān xīngqīsān。

7. 有什么特别的?

명사, 인칭대명사, 형용사, 동사 등의 뒤에 구조조사 '的'를 붙여 명사적인 의미의 '…(한) 것'으로 쓰일 수 있다.

有什么特别的吗? (特别的 ⇒ 特别的日子)

Yǒu shénme tèbié de ma? (tèbié de ⇒ tèbié de rìzi)

我喜欢他的。 (他的 ⇒ 他的画)

Wǒ xǐhuan tā de。 (tā de ⇒ tā de huà)

这是今天买的。 (买的 ⇒ 买的书)

Zhè shì jīntiān mǎi de。 (mǎi de ⇒ mǎi de shū)

8. 怎么

'왜', '어째서'의 의미로 술어 앞에 쓰여 상황이나 원인 등을 묻는데 쓰인다.

你怎么不告诉我?
Nǐ zěnme bú gàosu wǒ?

我怎么不知道妈妈的生日?
Wǒ zěnme bù zhīdao māma de shēngrì?

낱말 더 배우기(加强词汇)

零	[líng]	영
百	[bǎi]	백
千	[qiān]	천
万	[wàn]	만
亿	[yì]	억
块	[kuài]	원, 위안(元)
钱	[qián]	돈
楼	[lóu]	층, 동
天	[tiān]	날, 일, 하루
岁	[suì]	살(나이), 세
前天	[qiántiān]	그제
昨天	[zuótiān]	어제
后天	[hòutiān]	모레
上海	[Shànghǎi]	상하이
教室	[jiàoshì]	교실
画	[huà]	그림
买	[mǎi]	사다

第 6 课

数学

대화 1

小龙：一加二是多少？

Yī jiā èr shì duōshao?

小明：简单！三。

Jiǎndān! Sān。

小龙：九减四呢？

Jiǔ jiǎn sì ne?

小明：五。

Wǔ。

小龙：1 더하기 2는 얼마야?

小明：쉽네！3입니다.

小龙：9 빼기 4는요?

小明：5입니다.

小龙：那么二乘三等于几?

Nàme èr chéng sān děngyú jǐ?

小明：等于六。

Děngyú liù。

小龙：八除以二再加三等于多少?

Bā chúyǐ èr zài jiā sān děngyú duōshao?

小明：等于七。

Děngyú qī。

小龙：그럼, 2 곱하기 3은 얼마야?
小明：6입니다.
小龙：8 나누기 2 거기다 더하기 3은 얼마야?
小明：7입니다.

대화 2

小龙：八加二是几?

Bā jiā èr shì jǐ?

小明：是十。

Shì shí。

小龙：十减六等于几?

Shí jiǎn liù děngyú jǐ?

小明：等于四。

Děngyú sì。

小龙：两个四相乘等于多少?

Liǎng ge sì xiāng chéng děngyú duōshao?

小明：等于十六。

Děngyú shíliù。

小龙：8 더하기 2는 얼마야?
小明：10입니다.
小龙：10 빼기 6은 얼마야?
小明：4입니다.
小龙：4 곱하기 4는 얼마야?
小明：16입니다.

小龙 : 十六除以几等于二呢?

Shíliù chúyǐ jǐ děngyú èr ne?

小明 : 除以八。

Chúyi bā。

小龙 : 八加几等于十?

Bā jiā jǐ děngyú shí?

小明 : 加二。

Jiā èr。

小龙 : 16을 몇으로 나누면 2가 되지?
小明 : 8로요.
小龙 : 8에 몇을 더하면 10이 되지?
小明 : 2입니다.

새 낱말(生词)

数学	shùxué	【명】 셈, 셈하기(算术 suànshù라고도 한다)
加	jiā	【동】 더하다
减	jiǎn	【동】 빼다
乘	chéng	【동】 곱하다
除(以)	chú(yǐ)	【동】 (~으로)나누다
多少	duōshao	【대】 얼마, 몇
简单	jiǎndān	【형】 간단하다, 쉽다
那么	nàme	【접】 그러면, 그렇다면
等于	děngyú	【동】 …와 같다
再	zài	【부】 재차, 다시
相	xiāng	【부】 서로

어법과 해설

1. 수식 계산하는 법

☑ 더하기 加

1+3=4 一加三等于四。
Yī jiā sān děngyú sì。

12+25=37 十二加二十五等于三十七。
Shí'èr jiā èrshíwǔ děngyú sānshíqī。

☑ 빼기 减

9-7=2 九减七等于二。
Jiǔ jiǎn qī děngyú èr。

200-101=99 二百减掉一百零一等于九十九。
Èrbǎi jiǎn diào yìbǎilíngyī děngyú jiǔshíjiǔ。

☑ 곱하기 乘

8×5=40 八乘五等于四十。
Bā chéng wǔ děngyú sìshí。

36×3=108 三十六乘三等于一百零八。
Sānshíliù chéng sān děngyú yìbǎilíngbā。

☑ 나누기 除(以)

21÷3=7 二十一除以三等于七。
Èrshíyī chúyǐ sān děngyú qī。

100÷25=4 一百除以二十五等于四。
Yìbǎi chúyǐ èrshíwǔ děngyú sì。

☑ 복합 수식

8÷2+3=7 八除以二后再加三等于七。
Bā chúyǐ èr hòu zài jiā sān děngyú qī。

(36÷4+3)÷6=2 前括号三十六除以四，加三后括号再除以六等于二。
Qiánkuòhào sānshíliù chúyǐ sì, jiā sān hòukuòhào zài chúyǐ liù děngyú èr。

2. 지시대명사

중국어의 어떤 사물이나 장소를 가리키는 대표적인 지시대명사는 '这'와 '那'이다. '这'는 말하는 이로부터 가까운 것을 가리킬 때, '那'는 먼 것을 가리킬 때 쓴다.

这是图书馆，那是学生宿舍。

Zhè shì túshūguǎn, nà shì xuésheng sùshè。

这是苹果，那是橘子。

Zhè shì píngguǒ, nà shì júzi。

지시 받는 사람이나 사물이 복수일 경우는 '这些/那些'를 쓴다.

这些都是水果。

Zhè xiē dōu shì shuǐguǒ。

那些都是我们班的同学。

Nà xiē dōu shì wǒmen bān de tóngxué。

장소를 나타낼 때는 '这里/这儿', '那里/那儿'을 쓴다.

这里(这儿)有很多学生。

Zhè li (zhèr) yǒu hěn duō xuésheng。

那里(那儿)的工作环境很好。

Nà li(Nàr) de gōngzuò huánjìng hěn hǎo。

3. '几'와 '多少'

둘 모두 수를 물을 때 사용되는 의문대명사이지만, '几'는 주로 10 이하 정도의 수가 나올 것으로 예상할 때 사용하며, 뒤에 반드시 양사가 오게 된다. '多少'의 경우엔 수의 제한은 없으며, 양사가 있어도 되고 없어도 된다.

你家有几口人?

Nǐ jiā yǒu jǐ kǒu rén?

今天一共来几个人?

Jīntiān yígòng lái jǐ ge rén?

你们班上有多少学生?

Nǐmen bānshang yǒu duōshao xuésheng?

월, 일이나 시간 등과 같이 주기적으로 반복되는 일을 물을 때는 10 이상이더라도 '几'를 쓰는 경우가 있다.

明天几月几号?。

Míngtiān jǐ yuè jǐ hào?

十二月二十五号

Shí'èryuè èrshíwǔ hào。

관용표현

非常

매우, 대단히

她非常漂亮。

Tā fēicháng piàoliang。

最近我非常忙。

Zuìjìn wǒ fēicháng máng。

妈妈非常高兴。

Māma fēicháng gāoxìng。

常常

언제나, 늘, 자주

我常常听音乐。

Wǒ chángcháng tīng yīnyuè。

你常常去学校吗?

Nǐ chángcháng qù xuéxiào ma?

爸爸常常这么说。

Bàba chángcháng zhème shuō。

经常

늘, 자주, 언제나

她经常来我家。

Tā jīngcháng lái wǒ jiā。

我经常去百货商店。

Wǒ jīngcháng qù bǎihuòshāngdiàn。

老师经常鼓励我。

Lǎoshī jīngcháng gǔlì wǒ。

낱말 더 배우기(加强词汇)

前	[qián]	앞
后	[hòu]	뒤
括号	[kuòhào]	괄호
这	[zhè]	이
那	[nà]	저
苹果	[píngguǒ]	사과
橘子	[júzi]	귤
水果	[shuǐguǒ]	과일
这里	[zhèli]	여기, 이 곳
那里	[nàli]	저기, 저 곳
环境	[huánjìng]	환경
非常	[fēicháng]	매우, 대단히
听	[tīng]	듣다
音乐	[yīnyuè]	음악
常常	[chángcháng]	자주
这么	[zhème]	이렇게
经常	[jīngcháng]	늘, 자주, 언제나
家	[jiā]	집
鼓励	[gǔlì]	격려하다, 북돋다

南橘北枳

nán jú běi zhǐ

강남의 귤을 강북에 옮겨 심으면 탱자로 변한다는 뜻으로, 조건과 상황과 환경에 따라서 결과가 달라진다는 뜻으로 쓰인다(엄밀하게 말하면 여기에서의 강은 淮河(huái hé)이다).

第 7 课

买东西

대화 1

小　龙：苹果多少钱一斤?
Píngguǒ duōshao qián yìjīn?

小摊子：一块钱一斤。
Yíkuài qián yìjīn。

小　龙：一斤大约有几个?
Yìjīn dàyuē yǒu jǐ ge?

小摊子：大约三个。
Dàyuē sān ge。

小　龙 : 사과 한 근에 얼마입니까?
小摊子 : 한 근에 1원입니다.
小　龙 : 한 근에 대략 몇 개 정도됩니까?
小摊子 : 대략 3개 정도입니다.

小　龙：西瓜一斤多少钱?

Xīguā yì jīn duōshao qián?

小摊子：五毛钱一斤。

Wǔmáo qián yì jīn。

小　龙：甜不甜?

Tián bu tián?

小摊子：比蜜还甜呢！买一个尝尝！

Bǐ mì hái tián ne! Mǎi yíge chángchang!

小　龙	수박은 한 근에 얼마입니까?
小摊子	한 근에 5마오입니다.
小　龙	단가요?
小摊子	꿀보다 더 달아요. 하나 사서 맛 한 번 보세요.

대화 2

小　龙：师傅，鸡蛋多少钱一斤？

Shīfu, jīdàn duōshao qián yì jīn?

小摊子：两块钱一斤。

Liǎng kuài qián yì jīn。

小　龙：一斤鸡蛋大约有几个呢？

Yì jīn jīdàn dàyuē yǒu jǐge ne?

小摊子：我这里卖的鸡蛋个儿大，一斤大约有六七个吧。

Wǒ zhèli mài de jīdàn gèr dà, yì jīn dàyuē yǒu liùqī ge ba。

小　龙：能不能便宜点儿？

Néng bu néng piányi diǎnr?

小　龙：아저씨, 달걀 한 근에 얼마인가요?
小摊子：한 근에 2원입니다.
小　龙：달걀 한 근에 대략 몇 개 정도 되나요?
小摊子：제가 파는 달걀은 크기가 큽니다. 한 근에 한 예닐곱 개가량 됩니다.
小　龙：좀 싸게 해 주실 수 없나요?

小摊子：这价钱已经是最低的了。
Zhè jiàqián yǐjing shì zuì dī de le。
我们是小本生意，赚不了多少钱。
Wǒmen shì xiǎoběn shēngyi, zhuànbuliǎo duōshao qián。

小　龙：那你这鸡蛋都是新鲜的吗？
Nà nǐ zhè jīdàn dōu shì xīnxiān de ma?

小摊子：当然了。这都是新到的货。
Dāngrán le。Zhè dōu shì xīn dào de huò。

小　龙：那好。请给我挑一斤鸡蛋。
Nà hǎo。Qǐng gěi wǒ tiāo yì jīn jīdàn。

小摊子：好哩。
Hǎo li。

小摊子 : 이 가격이 이미 가장 싸게 해 드린 겁니다.
우리는 영세 상인이라 얼마 벌질 못해요.
小　龙 : 그럼 여기 있는 달걀은 모두 신선한가요?
小摊子 : 그럼요. 여기 있는 것 모두 새로 들어온 겁니다.
小　龙 : 그럼 좋습니다. 달걀 한 근을 골라 주세요.
小摊子 : 알겠습니다.

새 낱말(生词)

小摊子	xiǎotānzi	【명】 작은 노점상
苹果	píngguǒ	【명】 사과
多少钱	duōshaoqián	얼마입니까(가격을 물을 때)
块	kuài	【양】 元
斤	jīn	【양】 근
大约	dàyuē	【부】 대략, 대강
西瓜	xīguā	【명】 수박
毛	máo	【양】 一元의 십분의 일, 10전
甜	tián	【형】 달다
比	bǐ	【전】 …보다, …에 비하여
蜜	mì	【명】 꿀
尝	cháng	【동】 맛보다
鸡蛋	jīdàn	【명】 달걀
卖	mài	【동】 팔다
个儿	gèr	【명】 크기, 덩치
能	néng	【조동】 …할 수 있다
便宜	piányi	【형】 값이 싸다
价钱	jiàqián	【명】 가격, 값
已经	yǐjing	【부】 이미
最	zuì	【부】 가장, 제일
低	dī	【형】 값이 싸다
小本	xiǎoběn	【명】 소자본
生意	shēngyi	【명】 장사
赚不了	zhuànbuliǎo	【동】 돈을 벌어봐야 얼마 벌지 못하다
新鲜	xīnxiān	【형】 신선하다, 싱싱하다
当然	dāngrán	【형】 당연하다, 마땅히 ~하다
新	xīn	【형】 새롭다
到	dào	【동】 도착하다
货	huò	【명】 물품, 상품
请	qǐng	【동】 상대방에게 어떤 일을 부탁할 때 쓰는 경어
给	gěi	【전】 …를 위하여, 대신하여
挑	tiāo	【동】 선택하다, 고르다

어법과 해설

1. 중국 화폐

중국 화폐의 기본 단위는 '元(위안)'이며, 더 작은 단위로는 '角'와 '分'이 있다. '角'는 '元'의 1/10, '分'은 '角'의 1/10이다. (1元=10角=100分) 구어에서는 '元'이나 '角' 대신 '块'와 '毛'라는 말을 더욱 자주 사용한다.

문어	구어
元 [yuán]	块 [kuài]
角 [jiǎo]	毛 [máo]
分 [fēn]	分 [fēn]

1.0	一块(元)	2.80	两块(元)八毛(角)
10.00	十块(元)	15.30	十五块(元)三毛(角)
100.00	一百块(元)	107.82	一百零七块(元)八毛(角)二(分)
1,000.00	一千块(元)	1,907.60	一千九百零七块(元)六毛(角)
10,000.00	一万块(元)	75,004.80	七万五千零四块(元)八毛(角)

마지막 화폐 단위는 생략할 수 있다.

54.30元 五十四块三
30.60元 三十块六

2. 多少钱?

일반적으로 물건의 가격을 물을 때는 '多少钱'이라는 표현을 사용한다. 과일이나 채소, 생선 등을 구입할 경우 '斤'이라는 양사를 자주 사용하고, 기타 공산품의 경우는 물건의 특성에 따라 '个', '件', '台'와 같은 양사가 많이 이용된다.

香蕉多少钱一斤?

Xiāngjiāo duōshao qián yìjīn?

钢琴一台多少钱?

Gāngqín yìtái duōshao qián?

袜子多少钱一双?

Wàzi duōshao qián yìshuāng?

3. 比

'…에 비해', '…와 비교하여'의 의미로 비교를 나타내는 전치사(介词)이다.

他比我高，也比我大。

Tā bǐ wǒ gāo, yě bǐ wǒ dà。

我的老师比他大三岁。

Wǒde lǎoshī bǐ tā dà sān suì。

4. 부사 '还'와 '都'

'还'는 주로 '比'와 함께 쓰여 비교의 대상보다 그 정도가 더욱 뛰어난 것을 의미한다.

他的成绩比我还好呢。

Tāde chéngjì bǐ wǒ hái hǎo ne。

这个东西比那个还贵。

Zhège dōngxi bǐ nàge hái guì。

'都'는 '모두'의 뜻으로, 일반적으로 그 앞에는 복수의 의미를 갖는 명사 또는 대명사가 온다.

我爸爸妈妈都很好。

Wǒ bàba māma dōu hěn hǎo。

今天参加宴会的人都喜欢这个菜。

Jīntiān cānjiā yànhuì de rén dōu xǐhuan zhège cài。

5. 동사의 중첩

'尝'은 원래 '맛보다'는 뜻으로 '尝'을 중첩하면 '맛을 좀 보다' 정도의 의미가 된다. 이처럼 같은 동사를 중첩하여 '좀 …하다', '시험삼아 …하다'의 의미로 사용하는 것을 동사의 중첩용법이라고 한다.

真没意思，我们说说话吧。

Zhēn méiyìsi, wǒmen shuōshuo huà ba。

今天我们看看这部电影怎么样?

Jīntiān wǒmen kànkan zhè bù diànyǐng zěnmeyàng?

6. 能

'…할 수 있다'는 뜻의 조동사로, 일반동사 앞에 쓰여 가능이나 허가를 나타낸다.

这么晚了，你一个人能去吗?

Zhème wǎn le, nǐ yíge rén néng qù ma?

这儿不能抽烟吗?

Zhèr bùnéng chōuyān ma?

'能'과 같은 조동사도 정반의문문의 형식을 취할 수 있다.

明天的晚会他能不能来?

Míngtiān de wǎnhuì tā néng bu néng lái?

你能不能告诉我事情的真相?

Nǐ néng bu néng gàosu wǒ shìqing de zhēnxiàng?

7. 赚不了

'不了'는 동사 뒤에 와서 '무언가를 끝내지 못하다거나, 다 하지 못한다'라는 의미를 나타내고자 할 경우 주로 사용된다.

不要再拿，我吃不了那么多。

Búyào zài ná, wǒ chī bu liǎo nàme duō。

你那么无礼，我真受不了。

Nǐ nàme wúlǐ, wǒ zhēn shòu bu liǎo。

8. 给

전치사로 '…에게' '…를 위해' 등의 뜻으로 쓰인다.

爸爸给我买一本英文杂志。

Bāba gěi wǒ mǎi yì běn yīngwén zázhì。

他每天给我打电话。

Tā měitiān gěi wǒ dǎ diànhuà。

王老师给我们介绍了一位新来的同学。

Wáng lǎoshī gěi wǒmen jièshào le yíwèi xīn lái de tóngxué。

관용표현

边~边 (=一边儿~一边儿)

하면서 ~하다, 한편 ~하면서 한편으로 ~하다

我们边喝酒，边聊天儿。

Wǒmen biān hē jiǔ, biān liǎotiānr。

他们边走边唱歌。

Tāmen biān zǒu biān chàng gē。

儿子一边儿看报，一边儿听音乐。

Érzi yìbiānr kàn bào, yìbiānr tīng yīnyuè。

他边打工，边读书。

Tā biān dǎgōng, biān dúshū。

一~就

~하자마자 곧 ~하다

他一回家就出去了。

Tā yì huíjiā jiù chūqù le。

早上一起床就跑步去了。

Zǎoshàng yì qǐchuáng jiù pǎobù qù le。

她大学一毕业就去国外留学了。

Tā dàxué yí bìyè jiù qù guówài liúxué le。

天气一暖和，人就多了。

Tiānqì yì nuǎnhuo, rén jiù duō le。

除了～以外(之外)

～말고는, ～을 제외하고는

我除了吃饭之外，什么都不去想。
Wǒ chúle chīfàn zhī wài, shénme dōu bú qù xiǎng。

除了我一个人之外，谁都很会电脑。
Chúle wǒ yíge rén zhī wài, shéi dōu hěn huì diànnǎo。

除了金钱之外，她什么都不考虑。
Chúle jīnqián zhī wài, tā shénme dōu bù kǎolǜ。

除了烤鸭以外，你还想吃什么菜?
Chúle kǎoyā yǐ wài, nǐ hái xiǎng chī shénme cài?

낱말 더 배우기(加强词汇)

角	[jiǎo]	화폐단위(글 말), 元의 1/10
分	[fēn]	화폐단위, 角의 1/10
香蕉	[xiāngjiāo]	바나나
钢琴	[gāngqín]	피아노
袜子	[wàzi]	양말
双	[shuāng]	짝, 켤레, 쌍(양사)
成绩	[chéngjì]	성적
贵	[guì]	비싸다
参加	[cānjiā]	참가하다
宴会	[yànhuì]	연회
菜	[cài]	요리
没意思	[méiyìsi]	재미없다
晚	[wǎn]	늦다

抽烟	[chōuyān]	담배를 피다
真相	[zhēnxiàng]	진상
晚会	[wǎnhuì]	만찬
拿	[ná]	(손으로) 집다, 가지다
无礼	[wúlǐ]	무례하다
吃不了	[chībuliǎo]	다 먹지 못하다
受不了	[shòubuliǎo]	참지 못하다
英文	[yīngwén]	영문
打	[dǎ]	(전화를) 하다
电话	[diànhuà]	전화
介绍	[jièshào]	소개하다
位	[wèi]	분(사람을 나타내는 양사)
新	[xīn]	새롭다
来	[lái]	오다
喝	[hē]	마시다
酒	[jiǔ]	술
聊天儿	[liǎotiānr]	얘기하다, 한담하다
报	[bào]	신문
打工	[dǎgōng]	아르바이트하다
读书	[dúshū]	공부하다, 책 보다
回家	[huíjiā]	집으로 돌아가다
早上	[zǎoshang]	아침
起床	[qǐchuáng]	기상하다
跑步	[pǎobù]	달리다
毕业	[bìyè]	졸업하다
国外	[guówài]	외국
留学	[liúxué]	유학하다
天气	[tiānqì]	날씨
暖和	[nuǎnhuo]	따뜻하다
会	[huì]	할 줄 알다
金钱	[jīnqián]	돈
烤鸭	[kǎoyā]	구운 오리요리

第 8 课

远不远？

대화 1

小王：请问你找谁?
Qǐng wèn nǐ zhǎo shéi?

小龙：我找小明。
Wǒ zhǎo Xiǎomíng。

小王：她不在。
Tā bú zài。

小龙：你知道她去哪儿了吗?
Nǐ zhīdao tā qù nǎr le ma?

小王：她去买衣服了。
Tā qù mǎi yīfu le。

小王：말씀 좀 여쭙겠습니다만, 누구를 찾으시나요?
小龙：저는 시아오밍을 찾습니다.
小王：그녀는 없어요.
小龙：그녀가 어디 갔는지 아십니까?
小王：옷 사러 갔어요.

小龙：去什么地方买衣服?

Qù shénme dìfang mǎi yīfu?

小王：百货商店。

Bǎihuòshāngdiàn。

小龙：离这儿远不远?

Lí zhèr yuǎn bu yuǎn?

小王：不太远。坐公共汽车两站地。

Bú tài yuǎn。Zuò gōnggòngqìchē liǎng zhàndì。

小龙：옷 사러 어디로 갔습니까?
小王：백화점에요.
小龙：여기서 먼가요?
小王：그다지 멀진 않습니다. 버스 타고 두 정거장입니다.

대화 2

小明：小龙呢? 他去哪里了?

Xiǎolóng ne? Tā qù nǎli le?

小强：他去一家咨询公司面试去了。

Tā qù yìjiā zīxún gōngsī miànshì qù le。

小明：他几点出发的?

Tā jǐ diǎn chūfā de?

小强：九点钟左右。

Jiǔ diǎn zhōng zuǒyòu。

小明：哦, 那他也快回来了。

Ō, nà tā yě kuài huí lái le。

小明：시아오롱은요? 어디 갔어요?
小强：그는 한 자문회사에 면접 보러 갔습니다.
小明：몇 시에 출발했나요?
小强：9시 쯤에 출발했습니다.
小明：아, 그러면 곧 돌아오겠네요.

小强：你找他有事吗?

Nǐ zhǎo tā yǒu shì ma?

小明：我想向他借那本『中国地图册』。

Wǒ xiǎng xiàng tā jiè nà běn「Zhōnguó dìtúcè」。

小强：那你就在屋里等他吧。

Nà nǐ jiù zài wūli děng tā ba。

小明：好的，谢谢。

Hǎo de, xièxie。

小强 : 무슨 일 있으세요?
小明 : 그 『중국 지도책』을 그에게 빌리려고 합니다.
小强 : 그러면 집안에 들어와서 기다리세요.
小明 : 알겠습니다. 고맙습니다.

| 새 낱말(生词) |

请问	qǐngwèn	잠깐 여쭙겠습니다, 말씀 좀 묻겠습니다
找	zhǎo	【동】 찾다.
在	zài	【동】 (사람이나 사물이) ~에 있다
衣服	yīfu	【명】 옷
地方	dìfang	【명】 장소, 곳
离	lí	【전】 ~에서, ~로부터
远	yuǎn	【형】 멀다
坐	zuò	【동】 앉다
公共汽车	gōnggòngqìchē	【명】 버스
两站地	liǎng zhàndì	두 정거장(站地는 정거장과 정거장 사이의 거리)
家	jiā	【양】 집이나 가게 등을 세는 단위
咨询	zīxún	【명】 자문, 컨설턴트
公司	gōngsī	【명】 회사
面试	miànshì	【명】 면접시험
点	diǎn	【명】 시(時)
出发	chūfā	【동】 출발하다
钟	zhōng	【명】 시간, 시
左右	zuǒyòu	【명】 가량, 안팎, 내외
快~了	kuài~le	곧(머지않아) ~하다
回来	huílái	【동】 돌아오다
事	shì	【명】 일
向	xiàng	【전】 ~에게(서), ~을 향하여
借	jiè	【동】 빌리다, 꾸다
地图册	dìtúcè	【명】 지도책
屋	wū	【명】 방, 집
等	děng	【동】 기다리다

어법과 해설

1. 연동문(连动文)

동작이 행해지는 순서에 따라 한 문장의 술어부 안에 두 개 이상의 동사가 쓰인 문형을 연동문이라 한다.

明天我去商店买衣服。
Míngtiān wǒ qù shāngdiàn mǎi yīfu。

她每天回家吃饭。
Tā měitiān huíjiā chī fàn。

她坐公共汽车去学校。
Tā zuò gōnggòngqìchē qù xuéxiào。

他去旅行社买机票去了。
Tā qù lǚxíngshè mǎi jīpiào qù le。

2. 시간 읽는 법

2:00 两点(钟)
liǎng diǎn (zhōng)

3:05 三点(零)五分
sān diǎn (líng) wǔ fēn

3:15 三点十五分
sān diǎn shíwǔ fēn

三点一刻
sān diǎn yí kè

3:30 三点三十分

sān diǎn sānshí fēn

三点半

sān diǎn bàn

11:45 十一点四十五分

shíyī diǎn sìshíwǔ fēn

十一点三刻

shíyī diǎn sān kè

11:55 十一点五十五分

shíyī diǎn wǔshíwǔ fēn

差五分十二点

chà wǔ fēn shí'èr diǎn

3. 了

문장의 끝에 오는 어기조사로 어떠한 상황이나 일이 이미 일어났거나 변화가 이루어졌음을 나타낸다.

昨天他去哪儿了?

Zuótiān tā qù nǎr le?

明天我不去故宫了。

Míngtiān wǒ búqù gùgōng le。

你不用操心，他已经长大了。

Nǐ búyòng cāoxīn, tā yǐjing zhǎngdà le。

4. 吧

어기조사로 부드러운 권유나 명령의 어조를 나타낸다.

那你先说吧。

Nà nǐ xiān shuō ba。

那我们就回去看看他吧。

Nà wǒmen jiù huíqù kànkan tā ba。

5. 离

전치사로 어떤 시점이나 기준으로부터 시간적 · 공간적으로 멀고 가까움을 나타낼 때 사용한다. ('~로부터', '~에서')

我们学校离这儿很远。

Wǒmen xuéxiào lí zhèr hěn yuǎn。

离开车还有一个小时。

Lí kāichē hái yǒu yí ge xiǎoshí。

离考试还不到两个星期。

Lí kǎoshì hái bú dào liǎngge xīngqī。

비슷한 표현으로 동사 '距离'(~로부터 떨어지다, 사이를 두다)도 함께 익혀 두자.

距离下课，还有一刻。

Jùlí xiàkè, hái yǒu yí kè。

距离比赛结束，只有一分钟。

Jùlí bǐsài jiéshù, zhǐyǒu yì fēn zhōng。

6. 向

'~에', '~에게'의 의미로 행동의 대상을 나타내는 전치사이다.

我向他提出要求了。

Wǒ xiàng tā tíchū yāoqiú le。

他向我告诉了一个秘密。

Tā xiàng wǒ gàosu le yí ge mìmì。

7. '是~的'

'是~的' 구문은 이미 일어난 일에 대해서 동작이나 행위의 시간, 장소, 방식, 목적 등을 특별히 강조하고자 할 때 쓰인다. 강조하고자 하는 내용을 '是~的' 사이에 넣어 문장으로 만들면 된다.

他是从哪儿来的?

Tā shì cóng nǎr lái de?

他是从中国来的。

Tā shì cóng Zhōngguó lái de。

他是为什么来的?

Tā shì wèishénme lái de?

他是为学习韩语来的。

Tā shì wèi xuéxí Hányǔ lái de。

飞机是几点起飞的?

Fēijī shì jǐ diǎn qǐfēi de?

飞机是三点半起飞的。

Fēijī shì sān diǎn bàn qǐfēi de。

8. 대략의 수

중국어에서 대략의 수를 표현하는 방법으로 다음의 몇 가지가 있다.

☑ 左右

我们在三点左右见面。

Wǒmen zài sān diǎn zuǒyòu jiànmiàn。

我在美国住的时间一共两年左右。

Wǒ zài Měiguó zhù de shíjiān yígòng liǎng nián zuǒyòu。

☑ 前后

我们打算在圣诞节前后准备一次晚会。

Wǒmen dǎsuan zài Shèngdànjié qiánhòu zhǔnbèi yí cì wǎnhuì。

高考前后，家长们都很紧张。

Gāokǎo qiánhòu, Jiāzhǎngmen dōu hěn jǐnzhāng。

☑ 上下

我看她的年龄二十岁上下。

Wǒ kàn tā de niánlíng èrshí suì shàngxià。

我看这个人的体重八十公斤上下。

Wǒ kàn zhè ge rén de tǐzhòng bāshí gōngjīn shàngxià。

☑ ～多

我今天一共花了三十多块钱。

Wǒ jīntiān yígòng huā le sānshí duō kuài qián。

她离家出走已经三年多了。

Tā lí jiā chū zǒu yǐjing sān nián duō le。

☑ 근접한 숫자의 연속

教室里有七八个学生。

Jiàoshì li yǒu qībā ge xuésheng。

从首尔到釜山坐火车需要两三个小时。

Cóng Shǒu'ěr dào Fǔshān zuò huǒchē xūyào liǎngsān ge xiǎoshí。

9. 两站地

두 정거장 사이의 거리

从我家到学校两站地，不用坐车了。

Cóng wǒ jiā dào xuéxiào liǎng zhàn dì, bú yòng zuò chē le。

从医院到电影院几站地？

Cóng yīyuàn dào diànyǐngyuàn jǐ zhàn dì?

관용표현

好像

마치 ~인 것 같다.

好像要下雨。

Hǎoxiàng yào xià yǔ。

昨天他好像没来。

Zuótiān tā hǎoxiàng méi lái。

他长得好像中国人。

Tā zhǎngde hǎoxiàng Zhōngguórén。

有那么多学生，好像已经开学了。

Yǒu nàme duō xuésheng, hǎoxiàng yǐjing kāixué le。

就是

곧 ~이다, 바로 그러하다.

他们说的人就是我这个人。

Tāmen shuō de rén jiùshì wǒ zhè ge rén。

这就是他生气的原因。

Zhè jiùshì tā shēngqì de yuányīn。

这就是我跟你说过的东西。

Zhè jiùshì wǒ gēn nǐ shuō guò de dōngxi。

不是这个就是那个(不是A就是B)

Búshì zhè ge jiùshì nà ge。

* 不是这个而是那个(不是A而是B)

Búshì zhè ge érshì nà ge。

随便

좋을대로, 마음대로

你喜欢什么书，随便看看。

Nǐ xǐhuan shénme shū, suíbiàn kànkan。

这里的东西，你不能随便拿走。

Zhè li de dōngxi, nǐ bù néng suíbiàn ná zǒu。

今天的会议谁都没准备，大家可以随便谈。

Jīntiān de huìyì shéi dōu méi zhǔnbèi, dàjiā kěyǐ suíbiàn tán。

성어 및 속어

一日之计在于晨
Yí rì zhī jì zài yú chén
하루의 계획은 아침에 있고

一年之计在于春
Yì nián zhī jì zài yú chūn
한 해의 계획은 봄에 있고

一生之计在于勤。
Yì shēng zhī jì zài yú qín
한 평생의 계획은 근면함에 있다.

好的开始意味着成功了一半。
Hǎo de kāishǐ yìwèi zhe chénggōng le yí bàn。
처음이 좋으면 이미 절반은 이룬 것이다.

万事开头难。
Wàn shì kāitou nán。
모든 일은 처음이 어렵다.

礼多人不怪。

Lǐ duō rén bú guài。

겸손한 사람을 탓하는 이는 없다.

礼让三分。

Lǐ ràng sān fēn。

예의로서 남에게 조금 양보해 주어라.(좀 봐주다)

礼仪之邦。

Lǐ yí zhī bāng。

예절과 염치가 있는 나라

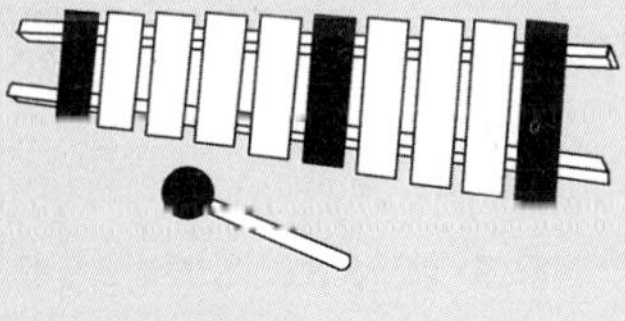

낱말 더 배우기 (加强词汇)

商店	[shāngdiàn]	가게, 상점
每天	[měitiān]	매일
旅行社	[lǚxíngshè]	여행사
机票	[jīpiào]	비행기 표
分	[fēn]	분(시간)
刻	[kè]	15분(시간)
差	[chà]	부족하다, 모자라다
故宫	[gùgōng]	고궁, 紫禁城
不用	[búyòng]	~할 필요없다
操心	[cāoxīn]	신경을 쓰다
点菜	[diǎncài]	요리를 주문하다
先	[xiān]	우선, 먼저
吧	[ba]	어기조사
开车	[kāichē]	운전하다
考试	[kǎoshì]	시험
到	[dào]	~에 이르다, 도달하다
下课	[xiàkè]	수업을 마치다
比赛	[bǐsài]	시합
结束	[jiéshù]	끝내다
提出	[tíchū]	제기하다, 내세우다
要求	[yāoqiú]	요구
秘密	[mìmì]	비밀
为什么	[wèishénme]	왜
韩语	[Hányǔ]	한국어
起飞	[qǐfēi]	이륙하다
见面	[jiànmiàn]	만나다
一共	[yígòng]	모두
打算	[dǎsuan]	~할 작정이다
前后	[qiánhòu]	전후, ~무렵
圣诞节	[shèngdànjié]	크리스마스
准备	[zhǔnbèi]	준비하다, ~하려 한다
高考	[gāokǎo]	대학입시
家长	[jiāzhǎng]	학부모
紧张	[jǐnzhāng]	긴장하다
上下	[shàngxià]	내외, 안팎, 쯤
年龄	[niánlíng]	나이
体重	[tǐzhòng]	체중

公斤	[gōngjīn]	킬로그램
首尔	[Shǒu'ěr]	서울
釜山	[Fǔshān]	부산
火车	[huǒchē]	기차
需要	[xūyào]	필요로 하다
离家出走	[líjiāchūzǒu]	집을 나가다
医院	[yīyuàn]	병원
电影院	[diànyǐngyuàn]	영화관
好像	[hǎoxiàng]	마치 ~인 것 같다
下雨	[xiàyǔ]	비가 내리다
长得	[zhǎngde]	생기기(자라기)를 ~하다
开学	[kāixué]	개학하다
就是	[jiùshì]	곧 ~이다, 바로 그러하다
生气	[shēngqì]	화를 내다
原因	[yuányīn]	원인, 까닭
跟	[gēn]	~와
过	[guò]	~한 적이 있다
随便	[suíbiàn]	좋을대로, 마음대로
会议	[huìyì]	회의
之	[zhī]	~의
计	[jì]	계획
在于	[zàiyú]	~에 있다
晨	[chén]	아침, 새벽
春	[chūn]	봄
一生	[yìshēng]	일생
勤	[qín]	근면하다, 성실하다
开始	[kāishǐ]	시작하다
意味	[yìwei]	의미하다, ~을 뜻하다
着	[zhe]	~해 있는, ~한 채로 있는
成功	[chénggōng]	성공하다
万事	[wànshì]	모든 일
开头	[kāitóu]	시작, 처음
难	[nán]	어렵다
礼	[lǐ]	예, 예의
让	[ràng]	양보하다
三分	[sānfēn]	3할, 조금
礼仪	[lǐyí]	예의
邦	[bāng]	나라

第 9 课

打招呼

대화 1

小强：我叫刘强，是一年级的学生。很高兴认识你。
Wǒ jiào Liú Qiáng, shì yìniánjí de xuésheng。Hěn gāoxìng rènshi nǐ。

小龙：我也很高兴认识你。我叫李小龙，也是一年级的。
Wǒ yě hěn gāoxìng rènshi nǐ。Wǒ jiào Lǐ Xiǎolóng, yě shì yīniánjí de。

小强：你是留学生吧？
Nǐ shì liúxuéshēng ba?

小龙：是的，我来自于美国。今后还请多多关照。
Shìde, wǒ láizìyú Měiguó。Jīnhòu hái qǐng duōduō guānzhào。

小强：你的汉语说得很流利。
Nǐ de Hànyǔ shuō de hěn liúlì。

小强 : 나는 리우치앙이라 하고, 1학년 학생이야. 너를 알게 되어 반가워.
小龙 : 나도 널 알게 되서 반가워. 나는 리시아오롱이라고 하고, 나도 1학년이야.
小强 : 너 유학생이지?
小龙 : 그래, 나는 미국에서 왔어. 앞으로 잘 부탁해.
小强 : 너 중국어 참 유창하게 잘하는구나.

小龙：哪里哪里。
Nǎli nǎli。

小强：我们可以成为朋友吗?
Wǒmen kěyǐ chéngwéi péngyou ma?

小龙：当然可以。
Dāngrán kěyǐ。

小强：那我得去老师那里了。再见!
Nà wǒ děi qù lǎoshī nàli le。Zàijiàn!

小龙 : 아휴, 무슨 말을.
小强 : 우리 친구 해도 될까?
小龙 : 말할 것도 없지.
小强 : 그럼 난 선생님께 가 보아야겠다. 안녕!

대화 2

小王：**你也是新生吗?**

Nǐ yě shì xīnshēng ma?

小美：**是的，我是中文系的学生。**

Shìde, wǒ shì Zhōngwénxì de xuésheng。

小王：**啊！咱们是一个系的。你报名了吗?**

Ā! Zánmen shì yí ge xì de。Nǐ bàomíng le ma?

小美：**还没有，我刚到。你报名了吗?**

Hái méiyǒu, wǒ gāng dào。Nǐ bàomíng le ma?

小王：**报过了。中文系报到的地方就在前面。我带你去吗?**

Bào guo le。Zhōngwénxì bàodào de dìfang jiù zài qiánmiàn。Wǒ dài nǐ qù ma?

小王 : 너도 새내기니?
小美 : 그래, 나는 중문과 학생이야.
小王 : 아! 우리 같은 과구나. 등록은 했니?
小美 : 아직 안 했어. 나 방금 왔어. 너는 등록했니?
小王 : 나는 했어. 중문과 등록하는 곳은 바로 앞에 있어. 내가 데려다 줄까?

小美：那太谢谢你了！

Nà tài xièxie nǐ le!

小王：不用谢，以后我们都是同学嘛！

Búyòng xiè, yǐhòu wǒmen dōu shì tóngxué ma!

小美：그럼 아주 고맙겠다.

小王：무슨 말을, 앞으로는 우리 모두 친구잖아!

┃새 낱말(生词)┃

年级	niánjí	【명】 학년
来自于	láizìyú	～에서 오다, ～에서 나오다
美國	Měiguó	【명】 미국
请	qǐng	【동】 (경어) ～해 주세요
关照	guānzhào	【동】 돌보다
流利	liúlì	【형】 유창하다
哪里哪里	nǎli nǎli	뭘요, 천만해요 (칭찬에 대한 겸양의 말)
可以	kěyǐ	【동】 ～할 수 있다(가능, 허가)
成为	chéngwéi	【동】 ～으로(가) 되다 (=作)
当然	dāngrán	【부】 마땅히, 말할 것도 없이
得	de	【조】 보어를 이끄는 구조조사
得	děi	【조동】 ～해야 한다
新生	xīnshēng	【명】 신입생, 새내기
中文系	Zhōngwénxì	【명】 중문과
报名	bàomíng	【동】 신청하다, 등록하다
咱们	zánmen	【대】 우리
刚	gāng	【부】 지금, 막
到	dào	【동】 도착하다
报到	bàodào	【동】 등록하다
前面	qiánmiàn	【명】 앞, 전면
带	dài	【동】 인도하다, 이끌다
以后	yǐhòu	【명】 이후

✓ 어법과 해설

1. 정도보어

동사 또는 형용사 뒤에 붙어서 일이 이루어진 상태가 어느 정도 또는 어떤 상황인가를 보충하여 설명한다. 형식은 동사와 정도보어 사이에 구조조사 '得'를 넣는다.

주 어	술 어		
	동사 또는 형용사	得(구조조사)	정도보어
① 他	跑	得	很快
② 你	来	得	正好
③ 他	说	得	很对
④ 我	渴	得	很

① 그는 매우 빨리 달린다.

② 너 참 잘 맞추어 왔다

③ 그가 맞게 잘 말했다.

④ 나는 갈증이 매우 난다.

정도보어를 부정할 때는 부정조사 不를 보어 앞에 놓는다.

他来得晚。 Tā lái de wǎn。	→	他来得不晚。 Tā lái de bù wǎn。
我考得好。 Wǒ kǎo de hǎo。	→	我考得不好。 Wǒ kǎo de bù hǎo。
他吃得多。 Tā chī de duō。	→	他吃得不多。 Tā chī de bù duō。
他说得很清楚。 Tā shuō de hěn qīngchu。	→	他说得很不清楚。 Tā shuō de hěn bù qīngchu。

2. 추측이나 가늠을 나타내는 어기조사 吧

문장 끝에 쓰여, 의문의 어기를 나타내면서 동시에 추측이나 가늠의 의미를 가진다.

小龙今天不会来吧?

Xiǎolóng jīntiān bú huì lái ba?

陈老师，您身体还好吧？

Chén lǎoshī, nín shēntǐ hái hǎo ba?

你是从中国来的吧？

Nǐ shì cóng Zhōngguó lái de ba?

3. 是的

'그렇다' 또는 '맞다'의 뜻으로 다른 사람의 물음에 대해 긍정적으로 대답할 때 쓰인다.

你指的是他吗？

Nǐ zhǐ de shì tā ma?

是的，我指的就是他。

Shìde, wǒ zhǐ de jiùshì tā。

明天你会参加我的生日宴会吗？

Míngtiān nǐ huì cānjiā wǒ de shēngrì yànhuì ma?

是的，我会的。

Shìde, wǒ huì de。

你是要见王经理来了吧？

Nǐ shì yào jiàn Wáng jīnglǐ lái le ba?

是的，我想见他。

Shì de, wǒ xiǎng jiàn tā。

4. 可以

'~할 수 있다. 가능하다'는 뜻의 조동사로, 가능이나 능력을 나타낸다. '能'과 비슷한 뜻이다.

昨天金老师讲的内容，你可以告诉我吗？

Zuótiān Jīn lǎoshī jiǎng de nèiróng, nǐ kěyǐ gàosu wǒ ma?

没有什么药可以包治百病。

Méiyǒu shénme yào kěyǐ bāo zhì bǎi bìng。

不问男女老幼，每人都可以参加。

Búwèn nánnǚ lǎoyòu, měi rén dōu kěyǐ cānjiā。

5. 得

'~해야 한다'는 뜻의 조동사로, 의무나 당위를 나타낸다.

我得去中国一趟。

Wǒ děi qù Zhōngguó yí tàng。

到底怎么回事，我马上得过去看看。

Dàodǐ zěnme huíshì, wǒ mǎshàng děi guòqù kànkan。

这事我得和家里人商量商量。

Zhè shì wǒ děi hé jiālirén shāngliang shāngliang。

6. 嘛

어기조사로 문장 끝에 쓰여 어떤 일이 당연함이나 알고 있음을 강조한다

你不要那么客气，大家都自己人嘛！

Nǐ búyào nàme kèqi, dàjiā dōu zìjǐrén ma!

怎么还不明白，你是大学生嘛！

Zěnme hái bù míngbai, nǐ shì dàxuéshēng ma!

还要我怎么样？我已经跟他道歉了嘛！

Hái yào wǒ zěnmeyàng? Wǒ yǐjing gēn tā dàoqiàn le ma!

7. 완료를 나타내는 조사 过

我前天也来过了。

Wǒ qiántiān yě lái guò le。

他已经看过了那本小说。

Tā yǐjing kàn guo le nà běn xiǎoshuō。

8. 在

'~에 있다'는 의미의 동사로 존재를 나타낸다.
일반적으로 문장의 형식은 '사람(사물)+在+장소'로 이루어진다.

新盖的办公楼就在图书馆后面。

Xīngài de bàngōnglóu jiù zài túshūguǎn hòumian。

你的汉语词典在书架上。

Nǐ de Hànyǔ cídiǎn zài shūjiàshang。

你在楼下等他吧。

Nǐ zài lóuxià děng tā ba。

9. '我们'과 '咱们'

'我们'과 '咱们'은 둘 다 우리말로 '우리'라는 뜻을 갖지만, 구체적인 쓰임의 범위에는 약간의 차이가 있다. '咱们'이 말하는 이 뿐만 아니라 듣는 이까지를 포함해야 하는데 반해, '我们'은 듣는 이를 포함해도 되고 그렇지 않아도 된다.

응용문 연습

我在2006年入大学。

Wǒ zài èr líng líng liù nián rù dàxué。

我就读于北京大学。

Wǒ jiùdú yú Běijīng Dàxué。

我在2010年大学毕业。

Wǒ zài èr líng yāo líng nián dàxué bìyè。

我毕业于北京大学。

Wǒ bìyè yú Běijīng Dàxué。

我是中文系毕业的。

Wǒ shì Zhōngwénxì bìyè de。

我是外文系英文专业毕业的。

Wǒ shì Wàiwénxì Yīngwén zhuānyè bìyè de。

你是学什么专业的?

Nǐ shì xué shénme zhuānyè de?

我的专业是英语。

Wǒ de zhuānyè shì Yīngyǔ。

你是什么专业毕业的?

Nǐ shì shénme zhuānyè bìyè de?

我是英语专业毕业的。

Wǒ shì Yīngyǔ zhuānyè bìyè de。

표현 연습

(1) ~과목이 ~시간 수업이 있다. ~课有~小时，有~小时的~课

- 오늘 중국어 수업이 3시간 있다.

今天的汉语课有三个小时。

Jīntiān de Hànyǔ kè yǒu sān ge xiǎoshí。

今天有三个小时的汉语课。

Jīntiān yǒu sān ge xiǎoshí de Hànyǔ kè。

- 오늘 국어가 3시간, 영어가 3시간 있다.

今天我有三个小时的国文课，三个小时的英文课。

Jīntiān wǒ yǒu sān ge xiǎoshí de Guówén kè, sān ge xiǎoshí de Yīngwén kè。

(2) ~과목이 몇 학점이다. ~课是~学分

- 무역개론은 3학점이다.

贸易概论课是三学分。

Màoyì gàilùn kè shì sān xuéfēn。

- 중국어는 5학점이다.

汉语课是五学分。

Hànyǔ kè shì wǔ xuéfēn。

(3) ~학점의 과목은 ~점 받았다. ~课程得~学分

- 3학점 한 과목을 A학점 받았다.

一个三学分的课程，我得了 A 学分。

Yí ge sān xuéfēn de kèchéng, wǒ dé le A xuéfēn。

- 2학점 한 과목을 F학점 받았다.

一个二学分的课程，我得了 F 学分。

Yí ge èr xuéfēn de kèchéng, wǒ dé le F xuéfēn。

성어 및 속어

两耳不闻窗外事，

Liǎng ěr bù wén chuāng wài shì

두 귀로 바깥 소식 안 듣고,

一心只读圣贤书。

Yì xīn zhǐ dú shèng xián shū。

한 맘으로 오로지 성현의 책 읽는다.(경전 공부한다.)

当局者迷，

Dāng júzhě mí,

당사자는 시비분별 어렵고,

旁观者清。

Pángguānzhě qīng。

옆 구경꾼이 더욱 잘 가린다.

낱말 더 배우기 (加强词汇)

清楚	[qīngchu]	분명하다
会	[huì]	~일 것이다(추측)
指	[zhǐ]	가리키다
经理	[jīnglǐ]	관리 책임자
内容	[nèiróng]	내용
药	[yào]	약
包治百病	[bāozhìbǎibìng]	모든 병을 완치할 수 있다
不问	[búwèn]	막론하고, 불문하고, ~할 것 없이
男女老幼	[nánnǚlǎoyòu]	남녀노소
每人	[měirén]	누구나
趟	[tàng]	차례, 번(횟수)
到底	[dàodǐ]	도대체
马上	[mǎshàng]	곧, 바로
过去	[guòqù]	지나가다, 가다
商量	[shāngliang]	상의하다
客气	[kèqi]	사양하다, 체면차리다
明白	[míngbai]	알다, 이해하다
道歉	[dàoqiàn]	사과하다
小说	[xiǎoshuō]	소설
盖	[gài]	(건축물을) 짓다, 건축하다
办公楼	[bàngōnglóu]	사무동
书架	[shūjià]	책장
楼下	[lóuxià]	건물 아래, 아래 층
大学	[dàxué]	대학

就读	[jiùdú]	(학교에) 다니다, 공부하다
北京大学	[BěijīngDàxué]	베이징대학
外文系	[Wàiwénxì]	외국어학과
专业	[zhuānyè]	전공
英语	[Yīngyǔ]	영어
国文	[Guówén]	국문
贸易概论	[Màoyìgàilùn]	무역개론
学分	[xuéfēn]	학점
课程	[kèchéng]	과정
得	[dé]	획득하다, 따다
耳	[ěr]	귀
闻	[wén]	듣다
窗	[chuāng]	창
外	[wài]	바깥
心	[xīn]	마음
只	[zhǐ]	오직, 오로지
圣贤	[shèngxián]	성현, 성인과 현인
当	[dāng]	담당하다, 맡다
局	[jú]	형세, 상황
者	[zhě]	~하는 자, 것
迷	[mí]	판단력을 잃다, 갈피를 못잡다
旁观	[pángguān]	방관하다
清	[qīng]	분명하다, 또렷하다

第 10 课

自我介绍

대화 1

小龙：我是中文系一年级的新生。我叫李小龙。
Wǒ shì Zhōngwénxì yī niánjí de xīnshēng。Wǒ jiào Lǐ Xiǎolóng。

小强：我叫刘强，是中文系一年级的大班长。
Wǒ jiào Liú Qiáng, shì Zhōngwénxì yī niánjí de dà bānzhǎng。

小龙：今后还请多多关照。
Jīnhòu hái qǐng duō duō guānzhào。

小强：我会的，希望大家相处愉快。
Wǒ huì de, xīwàng dàjiā xiāngchǔ yúkuài。

小龙：我也是。
Wǒ yě shì。

小龙 : 나는 중문과 1학년 학생이야. 리시아오롱이라고 해.
小强 : 나는 리우치앙이라고 하고, 중문과 1학년 과 대표야.
小龙 : 앞으로 잘 부탁할께.
小强 : 그럴께, 모두 함께 잘 지냈으면 좋겠다.
小龙 : 나도 그래.

小强：有什么特长吗?

Yǒu shénme tècháng ma?

小龙：我的网球打得还可以。

Wǒ de wǎngqiú dǎ de hái kěyǐ。

小强：那就报名参加我们的网球社吧!

Nà jiù bàomíng cānjiā wǒmen de wǎngqiúshè ba!

小龙：好的。

Hǎo de。

小强 : 잘하는 게 뭐니?
小龙 : 나는 테니스를 좀 쳐.
小强 : 그럼 이름 올려서 우리 테니스 동아리에 들어!
小龙 : 좋아.

대화 2

小王：你是大三的吗?

Nǐ shì dà sān de ma?

小明：是啊！ 这是我们的专业课。怎么？ 你是来旁听吗?

Shì a! Zhè shì wǒmen de zhuānyè kè。Zěnme? Nǐ shì lái pángtīng ma?

小王：是的，我对法律很感兴趣。

Shì de。Wǒ duì fǎlǜ hěn gǎn xìngqù。

小明：你是哪个系的?

Nǐ shì nǎ ge xì de?

小王：我是中文系大一的学生，我叫小王。

Wǒ shì Zhōngwénxì dà yī de xuésheng, wǒ jiào Xiǎowáng。

小王 : 3학년이세요?
小明 : 그래요, 이건 우리 전공 수업인데. 어떻게, 청강하러 왔어요?
小王 : 네, 저는 법에 아주 관심이 많아요.
小明 : 무슨 과세요?
小王 : 저는 중문과 1학년 학생이고, 시아오왕이라고 합니다.

小明：啊！是中文系的学弟！欢迎，欢迎。
Ā! Shì Zhōngwénxì de xuédì! Huānyíng, huānyíng。

我是法律系三年级的学生，我叫小明。
Wǒ shì fǎlǜxì sān niánjí de xuésheng, wǒ jiào Xiǎomíng。

小王：我很高兴认识你，师兄！
Wǒ hěn gāoxìng rènshi nǐ, shīxiōng!

小明：认识你我也很高兴。
Rènshi nǐ wǒ yě hěn gāoxìng。

小王：老师来了，我们上课吧！
Lǎoshī lái le, wǒmen shàng kè ba!

小明 : 아! 중문과의 후배네요. 잘 왔어요.
나는 법학과 3학년 학생이고, 시아오밍이라고 해요.
小王 : 뵙게 되어 반갑습니다, 선배님!
小明 : 나도 후배를 알게 되어 매우 기뻐요.
小王 : 선생님이 오시네요, 우리 수업 들어가지요.

새 낱말(生词)

班长	bānzhǎng	【명】 반장, 과대표
希望	xīwàng	【동】 바라다
相处	xiāngchǔ	【동】 함께 지내다
愉快	yúkuài	【형】 기분이 좋다
特长	tècháng	【명】 특기, 장기
网球	wǎngqiú	【명】 테니스
打	dǎ	【동】 때리다, 치다
网球社	wǎngqíushè	【명】 테니스부(동아리)
大三	dàsān	【명】 대학 3학년
旁听	pángtīng	【동】 청강하다
对	duì	【전】 ~에 대하여
法律	fǎlǜ	【명】 법률
感兴趣	gǎn xìngqù	재미를 느끼다, 흥미가 있다
欢迎	huānyíng	【동】 환영하다
师兄	shīxiōng	【명】 동문(남자) 선배
上课	shàngkè	【동】 수업하다

어법과 해설

1. 소개하는 말

我来自我介绍一下。

Wǒ lái zìwǒ jièshào yíxià。

请你们做个自我介绍。

Qǐng nǐmen zuò ge zìwǒ jièshào。

你们认识一下。

Nǐmen rènshi yíxià。

我给你介绍一下。
Wǒ gěi nǐ jièshào yíxià。

我是王老师介绍来的。
Wǒ shì Wáng lǎoshī jièshào lái de。

2. 동량사(动量词)

동작의 횟수를 나타낼 때 쓴다.

请多多关照一下。
Qǐng duōduō guānzhào yíxià。

打了他三下。
Dǎ le tā sān xià。

这本小说我看了两遍。
Zhè běn xiǎoshuō wǒ kàn le liǎng biàn。

위에서 '一下'는 동량사로 쓰였으나 '한 번'이라는 구체적인 수량을 나타내기보다는 '좀'이라는 뜻으로 쓰인다(听一下, 看一下). 다음의 '三下'는 '석 대'라는 구체적인 숫자를 나타낸다.

3. 부사 就

'곧', '즉시'의 뜻으로 아주 짧은 시간 내에 이루어지는 것을 나타낸다.

他就要回国了。
Tā jiù yào huíguó le。

你不要走，我就去。
Nǐ búyào zǒu, wǒ jiù qù。

天很快就亮了。
Tiān hěn kuài jiù liàng le。

'이미', '벌써'의 뜻으로 과거에 이미 발생하였음을 강조한다.

他昨天就回去了。
Tā zuótiān jiù huíqù le。

早在儿童时期我们就认识了。
Zǎo zài értóng shíqī wǒmen jiù rènshi le。

这个孩子从小就爱读书。
Zhè ge háizi cóng xiǎo jiù ài dúshū。

'～하자마자 곧'의 의미로, 두 가지 일이 연달아 발생함을 나타낸다.

她说好就走了。
Tā shuō hǎo jiù zǒu le。

他看完比赛就睡了。
Tā kàn wán bǐsài jiù shuì le。

'(보통 조건을 나타낸 말 뒤에서) ～한다면'

他来，我就不去。
Tā lái, wǒ jiù búqù。

今天他不会回来。那就我们回去吧！
Jīntiān tā búhuì huílái。Nà jiù wǒmen huíqù ba!

他坚决反对，那就算了吧！
Tā jiānjué fǎnduì, nà jiù suàn le ba!

4. 부사 还

'아직', '여전히'의 의미로 동작이나 상태가 지속되는 것을 나타낸다.

天气还冷。
Tiānqì hái lěng。

他还在图书馆看书。
Tā hái zài túshūguǎn kàn shū。

他的最后一句话还留在我的脑海里。

Tā de zuìhòu yí jù huà hái liú zài wǒ de nǎohǎi li。

'또', '더'의 의미로 항목이나 수량이 점차 더해지는 것을 나타낸다.

明天你还有课吗?

Míngtiān nǐ hái yǒu kè ma?

上午吃饭的时候，他还告诉今天的会议日程。

Shàngwǔ chī fàn de shíhou, tā hái gàosu jīntiān de huìyì rìchéng。

这个节目十二点钟还要重播一次。

Zhè ge jiémù shí èr diǎn zhōng hái yào chóngbō yí cì。

'그만하면', '그런대로'의 의미로 그럭저럭 만족스런 상태를 나타낸다.

这个房间的条件还可以。

Zhè ge fángjiān de tiáojiàn hái kěyǐ。

你的作业做得还算不错。

Nǐ de zuòyè zuò de hái suàn búcuò。

最近生意怎么样? 还算好。

Zuìjìn shēngyì zěnmeyàng? Hái suàn hǎo。

5. 对

'~에 대하여'

大家对我很热情。

Dàjiā duì wǒ hěn rèqíng。

他对我们国家的发展做出了很大的贡献。

Tā duì wǒmen guójiā de fāzhǎn zuò chū le hěn dà de gòngxiàn。

大家都对这个问题很感兴趣。

Dàjiā dōu duì zhè ge wèntí hěn gǎn xìngqù。

我对他不感兴趣。

Wǒ duì tā bù gǎn xìngqù。

6. 의문대명사＋吗

원래 의문대명사가 있으면 의문조사 '吗'가 필요 없지만, 의문대명사와 '吗'가 한 문장에서 함께 쓰이는 경우도 있다.

有什么高兴的事情吗?

Yǒu shénme gāoxìng de shìqing ma?

谁会说一说自己的学习经验吗?

Shéi huì shuō yi shuō zìjǐ de xuéxí jīngyàn ma?

관용표현

如果~就~(=要是~就~)

만약 ~한다면

如果一定要那样，我就帮你。

Rúguǒ yídìng yào nàyang, wǒ jiù bāng nǐ。

如果你忙的话，就不要去了。

Rúguǒ nǐ máng de huà, jiù búyào qù le。

如果大家没有意见，就这么决定了。

Rúguǒ dàjiā méiyǒu yìjiàn, jiù zhème juédìng le。

要是不下雨，我们就去爬山了。

Yàoshi bú xiàyǔ, wǒmen jiù qù páshān le。

马上=立刻，立即

곧바로

你等我一下，我马上回来。

Nǐ děng wǒ yíxià, wǒ mǎshàng huílái。

你怎么不马上来?

Nǐ zěnme bù mǎshàng lái?

你先别急，我马上过去帮忙。

Nǐ xiān bié jí, wǒ mǎshàng guòqù bāngmáng。

考试时间马上就要到了。

Kǎoshì shíjiān mǎshàng jiù yào dào le。

曾经

일찍이(~한 적이 있다)

我曾经看过彩虹。

Wǒ céngjīng kàn guo cǎihóng。

我曾经听过这个消息。

Wǒ céngjīng tīng guo zhè ge xiāoxi。

他去年曾经来过北京。

Tā qùnián céngjīng lái guo Běijīng。

这道菜我曾经在我国吃过。

Zhè dào cài wǒ céngjīng zài wǒ guó chī guo。

성어 및 속어

雨中送伞
Yǔ zhōng sòng sǎn

비가 올 때 우산을 건네 주다.

가장 필요한 때 적절한 도움을 주는 것. 또 같은 말로, '雪中送炭[xuě zhōng sòng tàn] 눈이 내려서 땔감을 못 구할 때 숯을 가져다 주다'의 표현도 있다.

釜底抽薪
Fǔ dǐ chōu xīn

불 솥 밑의 타고 있는 땔감을 긁어내어 버리다.

남에게 도움은커녕 큰 해를 끼치는 不道德한 행위를 나타낸다. '锅底抽柴[guō dǐ chōu chái]'라는 표현도 쓴다. 뜻은 똑같다.

낱말 더 배우기(加强词汇)

自我	[zìwǒ]	자기 자신
遍	[biàn]	번, 차례
亮	[liàng]	밝다
儿童	[értóng]	어린이, 아이
爱	[ài]	~하기를 좋아하다
完	[wán]	끝내다
睡	[shuì]	자다
坚决	[jiānjué]	단호히, 한사코
反对	[fǎnduì]	반대하다
算	[suàn]	그만두다, ~인 셈이다, ~로 간주되다
冷	[lěng]	춥다
句	[jù]	마디(양사)
脑海	[nǎohǎi]	머리, 뇌리

日程	[rìchéng]	일정
节目	[jiémù]	프로그램
重播	[chóngbō]	재방송하다
次	[cì]	차례
作业	[zuòyè]	숙제, 과제
不错	[búcuò]	좋다, 훌륭하다
生意	[shēngyì]	장사, 사업
热情	[rèqíng]	열정적이다, 친절하다
国家	[guójiā]	국가, 나라
发展	[fāzhǎn]	발전
贡献	[gòngxiàn]	공헌
问题	[wèntí]	문제
感	[gǎn]	느끼다
兴趣	[xìngqù]	흥미, 관심, 재미
事情	[shìqing]	일
经验	[jīngyàn]	경험
一定	[yídìng]	반드시
帮忙	[bāngmáng]	돕다
意见	[yìjiàn]	의견
决定	[juédìng]	결정하다
爬山	[páshān]	등산하다
别	[bié]	~하지마라
急	[jí]	서두르다
曾经	[céngjīng]	일찌기
彩虹	[cǎihóng]	무지개
消息	[xiaoxi]	소식
道	[dào]	사물을 세는 양사
送	[sòng]	보내다
釜	[fǔ]	가마솥
底	[dǐ]	아래, 밑
抽	[chōu]	꺼내다, 뽑아내다
薪	[xīn]	땔나무, 땔감

第 11 课

天气

대화 1

小龙：今天天气真好。

Jīntiān tiānqì zhēn hǎo。

小强：是啊。虽然是冬天，但是很温暖。

Shì a。Suīrán shì dōngtiān, dànshì hěn wēnnuǎn。

小龙：阳光明媚，我还以为春天来了呢！

Yángguāng míngmèi, wǒ hái yǐwéi chūntiān lái le ne!

小强：可是听说明天就要降温了。

Kěshì tīngshuō míngtiān jiùyào jiàngwēn le。

小龙：你怎么知道？

Nǐ zěnme zhīdao?

小龙 : 오늘 날씨가 정말 좋구나.
小强 : 그래. 겨울인데도 아주 따뜻하네.
小龙 : 햇빛이 밝고 환한 게 난 또 봄이 온 줄 알았어!
小强 : 하지만 내일은 기온이 내려간다고 해.
小龙 : 네가 어떻게 아니?

小强：天气预报上说的。

Tiānqì yùbào shang shuō de。

小龙：那我又得穿上那些厚厚的衣服了。

Nà wǒ yòu děi chuān shang nà xiē hòuhòu de yīfu le。

小强：是啊。多注意保暖！

Shì a。Duō zhùyì bǎonuǎn!

小龙：知道了。

Zhīdao le。

小强：일기예보에서 그랬어.
小龙：그러면 또 그 두꺼운 옷을 입어야겠다.
小强：그래. 따뜻하게 신경 써!
小龙：알았어.

대화 2

小王：今天天气很好。
Jīntiān tiānqì hěn hǎo。

小明：是的。今天的太阳很好。
Shìde。Jīntiān de tàiyáng hěn hǎo。

小王：冬天，这样的天气比较难得，而且又没有风。
Dōngtiān, zhèyàng de tiānqì bǐjiào nán dé, érqiě yòu méiyǒu fēng。

小明：对。不过，都是这样的天气也就不好了。
Duì。Búguò, dōushì zhèyàng de tiānqì yě jiù bù hǎo le。

小王：为什么？
Wèishénme?

小王 : 오늘 날씨가 참 좋구나.
小明 : 그래. 오늘 햇살이 아주 좋네.
小王 : 겨울에 이런 날씨는 상당히 드문 거야, 게다가 바람도 없고 말이야.
小明 : 맞아. 하지만 언제나 이런 날씨가 되는 것도 좋진 않아.
小王 : 왜?

小明：那就不像冬天了。冬天应该有雪啊！
Nà jiù bú xiàng dōngtiān le。Dōngtiān yīnggāi yǒu xuě a!

小王：不用着急，天气预报说后天有大雪。
Búyòng zháoji, tiānqì yùbào shuō hòutiān yǒu dàxuě。

小明：真的？太好了，我可以去滑雪了。
Zhēn de? Tài hǎo le, wǒ kěyǐ qù huáxuě le。

小王：所以下雪很有意思。
Suǒyǐ xiàxuě hěn yǒu yìsi。

小明：对！尤其是圣诞节下雪，更有意思。
Duì! Yóuqí shì Shèngdànjié xiàxuě, gèng yǒu yìsi。

小明 : 그럼 겨울 같질 않잖아. 겨울에는 마땅히 눈이 와야지!
小王 : 조바심 낼 일 없어, 일기예보에서 모레 큰 눈이 온대.
小明 : 정말이야? 우와 좋아, 스키도 타러 갈 수 있겠네.
小王 : 그래서 눈이 내리면 참 신나지.
小明 : 맞아! 특히 크리스마스에 눈이 내리면 더욱 뜻 깊지.

| 새 낱말(生词) |

真	zhēn	【부】 정말, 참으로
啊	a	【조】 어기조사
阳光明媚	yángguāngmíngmèi	햇살이 밝고 아름답다
以为	yǐwei	【동】 ~라고 생각하다, 여기다
可是	kěshì	【접】 그러나, 하지만
听说	tīngshuō	【동】 듣는 바로는, 듣자하니, 듣건대
就要	jiùyào	【부】 (了를 동반) 머지않아, 곧
天气预报	tiānqìyùbào	【명】 일기예보
又	yòu	【부】 또, 다시
穿	chuān	【명】 입다
些	xiē	【양】 조금, 약간(확정적이 아닌 적은 수량을 나타냄)
厚	hòu	【형】 두껍다
注意	zhùyì	【동】 주의하다, 조심하다
保暖	bǎonuǎn	【동】 보온하다
太阳	tàiyáng	【명】 태양
冬天	dōngtiān	【명】 겨울
这样	zhèyàng	【대】 이러한
难得	nándé	【형】 얻기 어렵다
而且	érqiě	【접】 게다가, 또한
风	fēng	【명】 바람
不过	búguò	【접】 하지만, 그러나
像	xiàng	【동】 ~인 것 같다
应该	yīnggāi	【조동】 마땅히 ~해야 한다
雪	xuě	【명】 눈
着急	zháojí	【동】 조급해 하다, 걱정하다
滑雪	huáxuě	【동】 스키를 타다
有意思	yǒuyìsi	재미있다. 흥미 있다
尤其	yóuqí	【부】 특히, 더욱이
更	gèng	【부】 더욱

어법과 해설

1. 어기조사 啊

문장의 끝에 쓰여 긍정이나 감탄, 의문 등의 어기를 나타낸다.

刚才老师说的都对啊。

Gāngcái lǎoshī shuō de dōu duì a。

时间过得真快啊!

Shíjiān guò de zhēn kuài a!

深更半夜的那是谁啊?

Shēn gēng(jīng) bàn yè de nà shì shéi a?

2. 听说

'듣건대, 듣자하니'의 뜻으로 '我听人说'의 준 말이다.

听说他考上大学了。

Tīngshuō tā kǎoshàng dàxué le。

听说这家餐馆味道不错。

Tīngshuō zhè jiā cānguǎn wèidào búcuò。

我听人说，你得了第一名。

Wǒ tīng rén shuō, nǐ dé le dì yī míng。

我听人说，他的中国话很好。

Wǒ tīng rén shuō, tā de Zhōngguóhuà hěn hǎo。

3. 要~了

'곧 ~하려 한다'는 동작의 임박을 나타내며, '要' 앞에 흔히 '快', '将', '就' 등을 쓴다.

他就要回国了。
Tā jiù yào huíguó le。

春天快要到了。
Chūntiān kuài yào dào le。

我快要大学毕业了。
Wǒ kuài yào dàxué bìyè le。

这届电影节就要结束了。
Zhè jiè diànyǐngjié jiù yào jiéshù le。

开往美国的飞机就要起飞了。
Kāiwǎng Měiguó de fēijī jiù yào qǐfēi le。

4. 怎么(样)

의문대명사로 방식이나 성질, 상태 등을 묻는데 쓰인다.

请问，这个字怎么念?
Qǐngwèn, zhè ge zì zěnme niàn?

你知道北京大学怎么走?
Nǐ zhīdao Běijīng Dàxué zěnme zou?

我给你问一句，你打算怎么处理这件事?
Wǒ gěi nǐ wèn yí jù, nǐ dǎsuan zěnme chǔlǐ zhè jiàn shì?

不知道他们将怎么动作。
Bù zhīdao tāmen jiāng zěnme dòngzuò。

5. 又

'또'란 뜻의 부사로, 동작이나 상황이 중복되거나 계속됨을 나타낸다.

今天我又得去医院。

Jīntiān wǒ yòu děi qù yīyuàn。

他昨天又熬了一整夜。

Tā zuótiān yòu áo le yì zhěng yè。

孩子刚喝了一杯果汁，现在又要喝牛奶。

Háizi gāng hē le yì bēi guǒzhī, xiànzài yòu yào hē niúnǎi。

6. 동사+上

'上'이 동사 뒤에 쓰여 일종의 보어 역할을 한다.

窗户我关上了。

Chuānghu wǒ guān shàng le。

他一定会考上大学的。

Tā yídìng huì kǎo shàng dàxué de。

这儿写上你的手机号码吧！

Zhèr xiě shàng nǐ de shǒujī hàomǎ ba!

我爱上他了。

Wǒ ài shàng tā le。

他们都住上了新房子。

Tāmen dōu zhù shàng le xīn fángzi。

7. 应该

조동사로 의무, 당위의 뜻을 나타낸다. ('마땅히 ~해야 한다')

你应该谢谢他。

Nǐ yīnggāi xièxie tā。

你应该锻炼锻炼身体。

Nǐ yīnggāi duànliàn duànliàn shēntǐ。

年轻人应该努力学习。

Niánqīngrén yīnggāi nǔlì xuéxí。

我应该向他道歉。

Wǒ yīnggāi xiàng tā dàoqiàn。

8. 尤其

부사로 다른 것과 비교할 때 특히 두드러지는 것을 강조할 때 사용한다. ('특히', '더욱')

我喜欢电影，尤其是中国电影。

Wǒ xǐhuan diànyǐng, yóuqí shì Zhōngguó diànyǐng。

同学们的表现都很好，尤其是小王的进步很突出。

Tóngxuémen de biǎoxiàn dōu hěn hǎo, yóuqí shì Xiǎowáng de jìnbù hěn tūchū。

这些书都不错，这一本书尤其好。

Zhè xiē shū dōu búcuò, zhè yì běn shū yóuqí hǎo。

관용표현

虽然~但是~

비록~해도~하다

虽然天气很热，但是有风。

Suīrán tiānqì hěn rè, dànshì yǒu fēng。

虽然秋天已经来了，但是天气还这么热。

Suīrán qiūtiān yǐjing lái le, dànshì tiānqì hái zhème rè。

虽然山很高，但是最终我们还是爬上了山顶。

Suīrán shān hěn gāo, dànshì zuìzhōng wǒmen hái shì páshàng le shāndǐng。

因为~所以~

~이기 때문에 그래서 ~하다

因为今天我身体不舒服，所以不能去上课。

Yīnwèi jīntiān wǒ shēntǐ bù shūfu, suǒyǐ wǒ bùnéng qù shàngkè。

因为最近我很忙，所以没给你回信。

Yīnwèi zuìjìn wǒ hěn máng, suǒyǐ méi gěi nǐ huíxìn。

因为他脾气不大好，所以我不太喜欢他。

Yīnwèi tā píqì bú dà hǎo, suǒyǐ wǒ bú tài xǐhuan tā。

因为今天上午有课，所以他不能睡懒觉了。

Yīnwèi Jīntiān shàngwǔ yǒu kè, suǒyǐ tā bùnéng shuìlǎnjiào le。

不但~而且~

~뿐만 아니라 ~이기도 하다

他不但长得英俊，而且人也很聪明。

Tā búdàn zhǎng de yīngjùn, érqiě rén yě hěn cōngmíng。

今天不但刮风，而且下雨。

Jīntiān búdàn guāfēng, érqiě xiàyǔ。

她不但漂亮，而且很有礼貌。

Tā búdàn piàoliang, érqiě hěn yǒu lǐmào。

他不但为人和善，而且工作也相当出色。

Tā búdàn wéirén héshàn, érqiě gōngzuò yě xiāngdāng chūsè。

일기예보의 보기

多云转晴

duō yún zhuǎn qíng

구름이 많이 끼다가 맑아지겠습니다.

晴转多云

qíng zhǔan duō yún

맑다가 구름이 많은 날씨가 되겠습니다.

受到北上气流的影响

shòudào běi shàng qìliú de yǐngxiǎng

북상하는 기류의 영향을 받아

今晚到明天将有小到中雨

jīn wǎn dào míngtiān jiāng yǒu xiǎo dào zhōng yǔ

오늘 밤부터 내일까지는 비가 좀 많아지겠으니

请大家出门时不要忘记带雨伞。

qǐng dàjiā chūmén shí búyào wàngjì dài yǔsǎn。

모두들 나들이할 때는 우산을 잊지 맙시다.

受到西伯利亚冷空气影响

shòudào Xībólìyà lěng kòngqì yǐngxiǎng

시베리아 찬 공기의 영향을 받아

今晚西北地区将有五级到六级的西北风

jīnwǎn xīběi dìqū jiāng yǒu wǔ jí dào liù jí de xīběifēng

오늘밤 서북지역은 5급에서 6급에 이르는 서북풍이 있겠고

气温将下降到零下十五度

qìwēn jiāng xiàjiàng dào língxià shíwǔ dù

기온은 영하 15도까지 내려갈 것이므로

请大家做好防范。

qǐng dàjiā zuò hǎo fángfàn。

모두들 미리 예방 조처하십시오.

낱말 더 배우기(加强词汇)

刚才	[gāngcái]	방금, 막
时间	[shíjiān]	시간
深更半夜	[shēngēngbànyè]	한밤중
考上	[kǎoshang]	시험에 붙다
餐馆	[cānguǎn]	음식점
味道	[wèidào]	맛
回国	[huíguó]	귀국하다
届	[jiè]	회, 차(양사)
电影节	[diànyǐngjié]	영화제
开往	[kāiwǎng]	~로 향하여 출발하다
字	[zì]	글자
念	[niàn]	읽다
走	[zǒu]	가다
处理	[chǔlǐ]	처리하다
将	[jiāng]	앞으로~할 것이다
熬夜	[áoyè]	밤샘하다
整	[zhěng]	온통
杯	[bēi]	잔, 컵(양사)
果汁	[guǒzhī]	과일주스
牛奶	[niúnǎi]	우유
窗户	[chuānghu]	창
关	[guān]	닫다
写	[xiě]	쓰다
住	[zhù]	묵다, 거주하다
房子	[fángzi]	집, 건물
锻炼	[duànliàn]	(몸을) 단련하다
年轻人	[niánqīngrén]	젊은이
努力	[nǔlì]	노력하다
表现	[biǎoxiàn]	태도, 품행, 행동
进步	[jìnbù]	진보, 발전
突出	[tūchū]	두드러지다
热	[rè]	덥다
秋天	[qiūtiān]	가을
高	[gāo]	높다

最终	[zuìzhōng]	결국, 최종, 마지막
山顶	[shāndǐng]	산꼭대기
舒服	[shūfu]	편안하다
脾气	[píqì]	성격, 성질
睡懒觉	[shuìlǎnjiào]	늦잠 자다
英俊	[yīngjùn]	잘생기다, 말쑥하다
聪明	[cōngmíng]	똑똑하다
刮风	[guāfēng]	바람이 불다
礼貌	[lǐmào]	예의
为人	[wéirén]	사람됨, 됨됨이
和善	[héshàn]	온화하고 선량하다
相当	[xiāngdāng]	상당히
出色	[chūsè]	뛰어나다
云	[yún]	구름
转	[zhuǎn]	바뀌다, 바꾸다
晴	[qíng]	맑다
受到	[shòudào]	얻다, 받다
北上	[běishàng]	북상하다
气流	[qìliú]	기류
影响	[yǐngxiǎng]	영향
今晚	[jīnwǎn]	오늘밤
到	[dào]	~까지
中雨	[zhōngyǔ]	강우량이 중급인 비
出门	[chūmén]	외출하다
不要	[búyào]	~하지마라
忘记	[wàngjì]	잊다
带	[dài]	소지하다, 휴대하다
雨伞	[yǔsǎn]	우산
西伯利亚	[Xībólìyà]	시베리아
空气	[kōngqì]	공기
西北	[xīběi]	서북
地区	[dìqū]	지역
下降	[xiàjiàng]	내려가다, 하강하다
零下	[língxià]	영하
度	[dù]	도
防范	[fángfàn]	방비하다, 대비하다

第 12 课

上哪儿？

대화 1

小明：小龙，你上哪儿去？

Xiǎolóng, nǐ shàng nǎr qù?

小龙：我去人民医院。

Wǒ qù Rénmín Yīyuàn。

小明：你生病了吗？

Nǐ shēngbìng le ma?

小龙：不是。我的一个朋友在那里住院，我去看望他。

Búshì。Wǒ de yí ge péngyou zài nà li zhùyuàn, wǒ qù kànwàng tā。

小明：你知道人民医院在哪里吗？

Nǐ zhīdao Rénmín Yīyuàn zài nǎ li ma?

小明 : 시아오롱 너 어디 가니?
小龙 : 인민병원에 가.
小明 : 어디 아프니?
小龙 : 아니야. 내 친구 하나가 거기에 입원해 있어서, 좀 가 보려고.
小明 : 너는 인민병원이 어디에 있는지 아니?

小龙：我知道。在西城区。
Wǒ zhīdao。Zài Xīchéngqū。

小明：那你打算怎么去呢？
Nà nǐ dǎsuan zěnme qù ne?

小龙：我坐公共汽车去。
Wǒ zuò gōnggòngqìchē qù。

小明：祝愿你的朋友早日康复！
Zhùyuàn nǐ de péngyou zǎorì kāngfù!

小龙 : 알아. 시청취에 있어.
小明 : 그럼 너 어떻게 가려고 하니?
小龙 : 나는 버스 타고 갈 거야.
小明 : 네 친구가 하루 빨리 회복되길 바래!

대화 2

小王：你上哪儿去?

Nǐ shàng nǎr qù?

小强：我去超市买菜。

Wǒ qù chāoshì mǎicài。

小王：超市在那儿?

Chāoshì zài nǎr?

小强：海淀区。

Hǎidiàn qū。

小王：你怎么去呀?

Nǐ zěnme qù ya?

小强：坐公共汽车呗。你这是去哪儿?

Zuò gōnggòngqìchē bei。Nǐ zhèshì qù nǎr?

小王 : 너 어디 가니?
小强 : 슈퍼에 장 보러 가.
小王 : 슈퍼는 어디에 있는데?
小强 : 하이디엔취에 있어.
小王 : 너 어떻게 가려고?
小强 : 버스 타고 가지 뭐. 너는 지금 어디 가니?

小王：我去颐和园。

Wǒ qù Yíhéyuán。

小强：真幸福！没有课了吗?

Zhēn xìngfú! Méiyǒu kè le ma?

小王：课已经上完了，所以我打算去颐和园游泳。

Kè yǐjing shàng wán le, suǒyǐ wǒ dǎsuan qù Yíhéyuán yóuyǒng。

小强：那咱们可以一起去，坐332路汽车。

Nà zánmen kěyǐ yìqǐ qù, zuò sān sān èr lù qìchē。

小王：332路人太多，咱们坐808路去吧。

Sān sān èr lù rén tài duō, zánmen zuò bā líng bā lù qù ba。

小强：好的。咱们走吧！

Hǎode。Zánmen zǒu ba!

小王 : 나는 이화원에 가.
小强 : 좋겠다! 수업 없어?
小王 : 수업은 이미 다 마쳤고, 그래서 이화원에 가서 수영을 하려고 해.
小强 : 그럼 우리 같이 갈 수 있겠다, 332번 버스 타고.
小王 : 332번 버스는 사람이 너무 많아, 우리 808번 버스 타고 가자.
小强 : 좋아. 가자!

| 새 낱말(生词) |

上	shàng	【동】(어떤 곳으로) 가다
人民	rénmín	【명】인민
生病	shēngbìng	【동】병이 나다
住院	zhùyuàn	【동】입원하다
看望	kànwàng	【동】방문하다, 문안하다
西城区	Xīchéngqū	【명】시청취(고유명사)
海淀区	Hǎidiànqū	【명】하이디엔취(고유명사)
汽车	qìchē	【명】자동차
祝	zhù	【동】빌다, 축원하다
愿	yuàn	【동】원하다, 희망하다
早日	zǎorì	【명】조속한 시일(시간)
康复	kāngfù	【동】건강을 회복하다
超市	chāoshì	【명】슈퍼마켓
呗	bei	【조】어기조사(~할 따름이다. ~뿐이다)
颐和园	Yíhéyuán	【명】이화원
幸福	xìngfú	【형】행복하다, 좋다
游泳	yóuyǒng	【동】수영하다
路	lù	【양】(버스의) 노선

어법과 해설

1. 결과보어

동작의 결과를 보충 설명하는 보어이다. 반드시 동사 뒤에 붙여 쓰며, 부정형은 동사 앞에 '没'를 둔다. 이러한 결과보어에 쓰이는 것들로는 '完', '到', '好', '住', '掉', '饱', '见' 등이 있다.

☑ 完 끝나다

写完 → 没写完
xiě wán → méi xiě wán

做完 → 没做完
zuò wán → méi zuò wán

吃完饭你干什么?
Chī wán fàn nǐ gàn shénme?

☑ 到 목적이 달성되거나 또는 어떤 지점에 도달하다

想到 → 没想到
xiǎng dào → méi xiǎng dào

见到 → 没见到
jiàn dào → méi jiàn dào

他终于回到了北京。
Tā zhōngyú huí dào le Běijīng。

☑ 好 완성하거나 만족스러운 상태가 되다

准备好 → 没准备好
zhǔnbèi hǎo → méi zhǔnbèi hǎo

做好 → 没做好
zuò hǎo → méi zuò hǎo

今天的作业你做好了没有?
Jīntiān de zuòyè nǐ zuò hǎo le méiyou?

☑ 住 어떠한 상태로 멈추거나 고정되거나 확실하게 되었음을 나타낸다.

背住 → 没背住
bèi zhù → méi bèi zhù

记住 → 没记住
jì zhù → méi jì zhù

刚才老师说的话，我全都记住了。
Gāngcái lǎoshī shuō de huà, wǒ quán dōu jì zhù le。

☑ 掉 없애거나 멀어짐을 나타낸다.(~해 버리다)

吃掉 → 没吃掉
chī diào → méi chī diào

丢掉 → 没丢掉
diū diào → méi diū diào

剩下的那么多的饭，他一个人都吃掉了。
Shèng xià de nàme duō de fàn, tā yí ge rén dōu chī diào le。

☑ 见 시각, 청각의 대상을 감지해내다.

看见 → 没看见
kàn jiàn → méi kàn jiàn

听见 → 没听见
tīng jiàn → méi tīng jiàn

孩子们看见我来了，都非常高兴。
Háizimen kàn jiàn wǒ lái le, dōu fēicháng gāoxìng。

2. 上哪儿

'上哪儿？', '去哪儿？', '到什么地方去？'는 모두 같이 쓴다.

他上哪儿(去)?= 他去哪儿?= 他到什么地方去?

Tā shàng nǎr (qù)? =Tā qù nǎr?= Tā dào shénme dìfang qù?

我上学去。= 我到学校上课去。= 我去学校上课。

Wǒ shàng xué qù。 = Wǒ dào xuéxiào shàng kè qù。 = Wǒ qù xuéxiào shàng kè。

3. 동목(动宾)구조

동사(动词)와 목석어(宾语)로 이루어진 문장 구조를 말한다. 동목구조의 활용은 동사와 목적어 사이에 한정어나 상황어 등을 넣으면 된다.

坐车 zuò chē	上车 shàng chē
坐公共汽车 zuò gōnggòngqìchē	上卡车 shàng kǎchē
坐轿车 zuò jiàochē	上吉普车 shàng jípǔchē
坐我朋友的车 zuò wǒ péngyou de chē	骑车 qí chē
坐三天的车 zuò sān tiān de chē	骑自行车 qí zìxíngchē
坐刚到的车 zuò gāng dào de chē	骑马 qí mǎ

4. 전치사 在

'在+명사'의 형태로 '~에', '~에서'의 뜻을 나타낸다.

我爸爸在大学工作。

Wǒ bàba zài dàxué gōngzuò。

小李在家里读书。

Xiǎolǐ zài jiāli dúshū。

图书馆在电影院旁边。

Túshūguǎn zài diànyǐngyuàn pángbiān。

5. 打算

~할 생각이다, ~할 작정이다.

我明天打算不来。

Wǒ míngtiān dǎsuan bù lái。

我打算吃了饭睡个觉。

Wǒ dǎsuan chī le fàn shuì ge jiào。

他打算一个人承担这项任务。

Tā dǎsuan yí ge rén chéngdàn zhè xiàng rènwu。

6. 有의 부정

'有'를 동사로 가진 문장의 부정은 '不'가 아니라 '没'를 쓴다.

今天我没有汉语课。

Jīntiān wǒ méiyǒu Hànyǔ kè。

你没有课吗?

Nǐ méiyǒu kè ma?

문장 안에서 '没有'는 '有'를 생략해서 많이 쓰나, '没有' 단독으로 쓰일 때는 '有'를 생략하지 못한다.

你没课吗?	没有。(○)
Nǐ méi kè ma?	méiyǒu。
你没课吗?	没。(×)
Nǐ méi kè ma?	méi。

과거시제를 부정할 때도 '没有'를 쓴다.

昨天我没有上课。

Zuótiān wǒ méiyǒu shàng kè。

昨天我没有去看望他。

Zuótiān wǒ méiyǒu qù kànwàng tā。

7. 어기조사 呗

문장 끝에 놓여 '너무 당연해서 더 길게 말할 필요 없다'는 뉘앙스를 나타낸다.

不懂就好好儿学呗。

Bù dǒng jiù hǎohāor xué bei。

我们老百姓的生活总是那样呗。

Wǒmen lǎobǎixing de shēnghuó zǒngshì nàyàng bei。

관용표현

要是

만약~라면

要是明天下雨怎么办?

Yàoshì míngtiān xià yǔ zěnme bàn?

要是你爱我，请跟我来。

Yàoshì nǐ ài wǒ, qǐng gēn wǒ lái。

要是你有兴趣的话，我们可以一起去旅游。

Yàoshì nǐ yǒu xìngqù de huà, wǒmen kěyǐ yìqǐ qù lǚyóu。

要是你不去的话，他们会生气的。

Yàoshì nǐ búqù de huà, tāmen huì shēngqì de。

连~也(都)

심지어 ~조차도

你连这么简单的话也不知道。

Nǐ lián zhème jiǎndān de huà yě bù zhīdao。

连你也不理解我的想法。

Lián nǐ yě bù lǐjiě wǒ de xiǎngfǎ。

连自己的朋友也不相信。

Lián zìjǐ de péngyou yě bù xiāngxìn。

大家都走了，连一个人也没有了。

Dàjiā dōu zǒu le, lián yí ge rén yě méiyǒu le。

与其~不如~

~하는 것은 ~하는 것만 못하다. ~할 바엔 오히려 ~이 낫다.

与其你去，不如我去。

Yǔqí nǐ qù, bùrú wǒ qù。

与其说他不好，不如说我不好。

Yǔqí shuō tā bùhǎo, bùrú shuō wǒ bù hǎo。

与其这样过半生，不如回家乡去。

Yǔqí zhèyàng guò bànshēng, bùrú huí jiāxiāng qù。

与其说环境不好，不如说自己不努力。

Yǔqí shuō huánjìng bù hǎo, bùrú shuō zìjǐ bù nǔlì。

성어 및 속어

安分守己
Ān fèn shǒu jǐ

부수를 알고 자기자리(직분)를 잘 지키다.
넘치지도 모자라지도 않게 착실한 모양.

与世隔绝
Yǔ shì gé jué

세상과 담을 쌓고 살다.
보는 마음과 정신을 어느 한 곳으로만 모으고, 세상일에는 초연한 모양.

打群架
Dǎ qún jià

무리지어 싸우다. 떼 싸움을 하다.

낱말 더 배우기(加强词汇)

干	[gàn]	하다
背	[bèi]	외우다
记	[jì]	기억하다
丢	[diū]	잃다, 잃어버리다
剩下	[shèngxià]	남기다
轿车	[jiàochē]	자가용, 승용차
上车	[shàngchē]	차를 타다
卡车	[kǎchē]	트럭
吉普车	[jípǔchē]	지프차(Jeep차)
骑车	[qíchē]	자전거를 타다
自行车	[zìxíngchē]	자전거
马	[mǎ]	말
旁边	[pángbiān]	옆
承担	[chéngdàn]	맡다
项	[xiàng]	항목(양사)
任务	[rènwu]	임무
懂	[dǒng]	이해하다
老百姓	[lǎobǎixìng]	보통사람, 백성
生活	[shēnghuó]	생활
总是	[zǒngshì]	언제나, 항상
要是	[yàoshì]	만약 ~라면
旅游	[lǚyóu]	여행
连	[lián]	~조차도, ~마저도
理解	[lǐjiě]	이해하다
想法	[xiǎngfǎ]	생각
相信	[xiāngxìn]	믿다

不如	[bùrú]	~만 못하다
过	[guò]	보내다
半生	[bànshēng]	반평생
家乡	[jiāxiāng]	고향
安分	[ānfèn]	분수를 알다
守	[shǒu]	지키다
己	[jǐ]	자기
与	[yǔ]	~와
隔绝	[géjué]	단절하다, 끊다
打架	[dǎjià]	싸움하다
群	[qún]	무리

安贫乐道

ān pín lè dào

가난하지만 편안한 마음으로 도를 즐김.

第13课

做事

대화 1

小明：**你正在做什么?**
Nǐ zhèngzài zuò shénme?

小龙：**我正在做作业。**
Wǒ zhèngzài zuò zuòyè。

小明：**什么作业?**
Shénme zuòyè?

小龙：**物理报告，明天就要交。**
Wùlǐ bàogào, míngtiān jiù yào jiāo。

小明：**写完报告，你干什么?**
Xiě wán baògào, nǐ gàn shénme?

小明：너 뭐하고 있니?
小龙：숙제하고 있어.
小明：무슨 숙제?
小龙：물리 보고서야, 내일 제출해야 돼.
小明：보고서 다 쓴 다음에는 무얼 할 거니?

小龙：我要复习今天刚学过的课文。

Wǒ yào fùxí jīntiān gāng xué guò de kèwén。

小明：我想约你去打网球。

Wǒ xiǎng yuē nǐ qù dǎ wǎngqiú。

小龙：打网球！太好了！不过，先等我一下，好吗？

Dǎ wǎngqiú! tài hǎo le! Búguò, xiān děng wǒ yíxià, hǎo ma?

小明：要等多久？

Yào děng duō jiǔ?

小龙：一会儿。我收拾一下，咱们就去。

Yí huìr。Wǒ shōushi yíxià, zánmen jiùqù。

小龙 : 오늘 막 배운 본문을 복습하려고 해.
小明 : 나는 너랑 테니스 치러 갈까 하는데.
小龙 : 테니스! 아주 좋지! 그런데, 좀 기다려 줄래?
小明 : 얼마나 기다려야 하는데?
小龙 : 잠깐이면 돼. 좀 챙기고 나서, 우리 곧바로 가자.

대화 2

小明：小龙，你在做什么呢？
Xiǎolóng, nǐ zài zuò shénme ne?

小龙：我在写论文。
Wǒ zài xiě lùnwén。

小明：那你最近应该很忙。
Nà nǐ zuìjìn yīnggāi hěn máng。

小龙：是的。写论文需要查很多的资料。
Shìde。Xiě lùnwén xūyào chá hěn duō de zīliào。

小明：资料查完了吗？
Zīliào chá wán le ma?

小明 : 시아오롱, 무얼 하고 있니?
小龙 : 논문 쓰고 있어.
小明 : 그럼, 너 요즘 많이 바쁘겠구나.
小龙 : 그래, 논문 쓸 때는 많은 자료를 찾아야 하거든.
小明 : 자료는 다 찾았니?

小龙：还没有。待会儿我还得去趟图书馆。

Hái méiyǒu。Dāi huìr wǒ hái děi qù tàng túshūguǎn。

小明：小龙，你写论文很认真嘛！

Xiǎolóng, nǐ xiě lùnwén hěn rènzhēn ma!

小龙：做任何事情都应该认真。

Zuò rènhé shìqing dōu yīnggāi rènzhēn。

小明：你说得很对。

Nǐ shuōde hěn duì。

小龙 : 아직 다 찾지 못했어. 조금 있다 또 도서관에 한번 가야해.
小明 : 시아오롱아, 너 논문을 아주 열심히 쓰는구나!
小龙 : 어떤 일을 하건 마땅히 열심히 해야지.
小明 : 네 말이 맞아.

| 새 낱말(生词) |

正在	zhèngzài	【부】 바로 지금
物理	wùlǐ	【명】 물리(학)
报告	bàogào	【명】 보고서, 리포트
交	jiāo	【동】 넘기다, 제출하다
复习	fùxí	【명】 복습(하다), 공부(하다)
课文	kèwén	【명】 본문
约	yuē	【동】 약속하다
久	jiǔ	【형】 오래가다, 길다
收拾	shōushi	【동】 치우다, 정돈하다, 챙기다
论文	lùnwén	【명】 논문
查	chá	【동】 조사하다, 검사하다, 찾다
资料	zīliào	【명】 자료
认真	rènzhēn	【형】 진지하다, 성실하다
任何	rènhé	【대】 어떠한, 무슨

어법과 해설

1. 동작의 진행

동사 앞에 '(正)在'를 붙여서 동작이 현재 진행되고 있음을 나타낸다. 문장 끝에 어기조사 '呢'가 자주 따라 나온다.

我正在读书呢。
Wǒ zhèngzài dúshū ne。

他正在吃饭吗?
Tā zhèngzài chīfàn ma?

外面正下大雪呢。
Wàimian zhèng xià dà xuě ne。

他正在休息，就别去烦扰他了。

Tā zhèngzài xiūxi, jiù bié qù fánrǎo tā le。

진행형의 부정은 동사 앞에 '没有'를 붙여준다.

你正在看书吗?

Nǐ zhèngzài kànshū ma?

我没有看书，我在看电视呢。

Wǒ méiyǒu kànshū, wǒ zài kàn diànshì ne。

你在打扫吗? 没有。

Nǐ zài dǎsǎo ma? Méiyǒu。

동작의 진행은 현재 뿐 아니라 과거나 미래에서도 사용할 수 있다.

昨天我回家的时候，他正在做作业呢。

Zuótiān wǒ huíjiā de shíhou, tā zhèngzài zuò zuòyè ne。

明天你去他家的时候，他会在等你。

Míngtiān nǐ qù tā jiā de shíhou, tā huì zài děng nǐ。

2. 조동사 要

'~할 것이다', '~하려고 한다'의 뜻으로 어떤 일을 하고자 하는 주관적 의지나 바람을 나타낸다. 이때의 부정은 '不想'을 쓴다.

我要买件毛衣。

Wǒ yào mǎi jiàn máoyī。

我要去法国旅游。

Wǒ yào qù Fǎguó lǚyóu。

你要不要看这本书? 我不想看这本书。

Nǐ yào bu yào kàn zhè běn shū? Wǒ bù xiǎng kàn zhè běn shū。

你要学游泳吗？我不想学游泳。
Nǐ yào xué yóuyǒng ma? Wǒ bù xiǎng xué yóuyǒng。

'～해야 한다'는 뜻으로 당위를 나타내며, 부정은 '不要'이다.

你要努力学习。
Nǐ yào nǔlì xuéxí。

写文章要简明扼要。
Xiě wénzhāng yào jiǎnmíng èyào。

你不要随地吐痰。
Nǐ búyào suídìtǔtán。

객관적인 필요를 나타내며, 부정은 '不用'이다.

我要去吗？你不用去，我一个人去就可以了。
Wǒ yào qù ma? Nǐ búyòng qù, wǒ yí ge rén qù jiù kěyǐ le。

我要帮你吗？你不用帮我。
Wǒ yào bāng nǐ ma? Nǐ búyòng bāng wǒ。

3. 조동사 想

'～하고 싶다', '～하려고 한다'는 주관적 바람을 나타내는 것으로서 '예정'이나 '희망'의 의미가 강하다.

你想看京剧吗？我不想看京剧，我想看话剧。
Nǐ xiǎng kàn jīngjù ma? Wǒ bù xiǎng kàn jīngjù, wǒ xiǎng kàn huàjù。

你想做什么？我想学习德语。
Nǐ xiǎng zuò shénme? Wǒ xiǎng xuéxí Déyǔ。

4. 一下

동사 뒤에 쓰여 '~좀 해 보다', '한번' 등의 뜻으로 쓰인다.

这份报告你看一下。
Zhè fèn bàogào nǐ kàn yíxià。

我想检查一下身体。
Wǒ xiǎng jiǎnchá yíxià shēntǐ。

这篇论文你来看一下。
Zhè piān lùnwén nǐ lái kàn yíxià。

5. 趟

양사로 '차례', '번'의 뜻이다.

我得亲自去一趟。
Wǒ děi qīnzì qù yí tàng。

我得去图书馆一趟。
Wǒ děi qù túshūguǎn yí tàng。

관용표현

越来越~

점점(점차) 더 ~하다

他的个子越来越高。
Tā de gèzi yuè lái yuè gāo。

天越来越冷，你要多穿些衣服。
Tiān yuè lái yuè lěng, nǐ yào duō chuān xiē yīfu。

他的汉语越来越好。

Tā de Hànyǔ yuè lái yuè hǎo。

伴随着经济的发展，人们的生活水平会越来越提高。

Bànsuí zhe jīngjì de fāzhǎn, rénmen de shēnghuó shuǐpíng huì yuè lái yuè tígāo。

差不多

비슷하다; 거의

这两部电影的故事差不多。

Zhè liǎng bù diànyǐng de gùshi chàbuduō。

他们哥儿俩个头差不多。

Tāmen gērliǎ gètóu chàbuduō。

小时候的事情差不多忘光了。

Xiǎo shíhou de shìqing chàbuduō wàng guāng le。

我在这儿差不多待了三年了。

Wǒ zài zhèr chàbuduō dāi le sān nián le。

即使~也~=尽管~也~

설사 ~한다 하더라도

即使你不想吃，也应该尝一尝。

Jíshǐ nǐ bù xiǎng chī, yě yīnggāi cháng yi cháng。

尽管你不爱我，也不能伤我的心。

Jǐnguǎn nǐ bú ài wǒ, yě bù néng shāng wǒ de xīn。

即使他爱我，也不嫁他。

Jíshǐ tā ài wǒ, yě bú jià tā。

即使就那样，我也不会同意。

Jíshǐ jiù nàyàng, wǒ yě bú huì tóngyì。

宁可～也～=宁愿～也～

～할지언정

宁可说自己不好，也不说别人不好。

Nìngkě shuō zìjǐ bù hǎo, yě bù shuō biérén bù hǎo。

宁可不要钱，也愿意跟你干。

Nìngkě bú yào qián, yě yuànyì gēn nǐ gàn。

宁愿饿死，也不要偷人家的东西。

Nìngyuàn è sǐ, yě bú yào tōu rénjiā de dōngxi。

宁愿挨打，也不会找借口。

Nìngyuàn ái dǎ, yě bú huì zhǎo jièkǒu。

经得起（禁得起）↔ 经不起（禁不起）

～를 견뎌낼 수 있다

风吹雨打，我国是经得起考验的。

Fēng chuī yǔ dǎ, wǒ guó shì jīng de qǐ kǎoyàn de。

连这种小事，你都经不起吗?

Lián zhè zhǒng xiǎoshì, nǐ dōu jīng bu qǐ ma?

这件事情，你要经得起的。

Zhè jiàn shìqing, nǐ yào jīng de qǐ de。

성어 및 속어

声东击西 Shēng dōng jī xī	동쪽에서 소리내면서 서쪽을 치다.
兵不厌诈 Bīng bú yàn zhà	전쟁에서는 사기치는 것을 마다 않는다. 무조건 이겨야 한다.
三十六计走为上策 Sān shí liù jì zǒu wéi shàng cè	36계 가운데 맨 마지막 36번째는 '도망가는 것이 상책'이다. 무슨 계략보다도 튀는 것이 가장 낫다(안 싸우는 게 더 좋다).

낱말 더 배우기(加强词汇)

休息	[xīuxi]	쉬다
烦扰	[fánrǎo]	귀찮게 하다
打扫	[dǎsǎo]	청소하다
件	[jiàn]	건, 개(양사)
毛衣	[máoyī]	스웨터
法国	[Fǎguó]	프랑스
文章	[wénzhāng]	문장
简明	[jiǎnmíng]	간명하다
扼要	[èyào]	요점을 찌르다
随地	[suídì]	어디서나, 아무데나
吐	[tǔ]	뱉다
痰	[tán]	가래
京剧	[jīngjù]	경극
话剧	[huàjù]	연극
德语	[Déyǔ]	독일어
份	[fèn]	부, 권(양사)

检查	[jiǎnchá]	검사하다
篇	[piān]	편(양사)
亲自	[qīnzì]	직접, 손수
越来越~	[yuèláiyuè]	점차 더 ~하다
个头	[gètóu]	키(=个子)
伴随	[bànsuí]	동반하다, ~를 따르다
经济	[jīngjì]	경제
水平	[shuǐpíng]	수준
提高	[tígāo]	높이다
差不多	[chàbuduō]	거의; 비슷하다
部	[bù]	부, 편(양사)
故事	[gùshi]	이야기
哥儿俩	[gērliǎ]	두 형제
光	[guāng]	아무것도 없이, 텅 비다(보어)
待	[dāi]	머물다, 체류하다
即使(尽管)	[jíshǐ(jǐnguǎn)]	설사 ~하더라도
伤	[shāng]	상하다, 다치다
嫁	[jià]	시집가다
同意	[tóngyì]	동의하다
宁可(宁愿)	[nìngkě(nìngyuàn)]	~할지언정
愿意	[yuànyì]	원하다
饿死	[èsǐ]	배고파 죽다
偷	[tōu]	훔치다
人家	[rénjiā]	남, 다른 사람
挨	[ái]	~를 받다, 당하다
借口	[jièkǒu]	핑계
经得起	[jīngdeqǐ]	견뎌낼 수 있다
经不起	[jīngbuqǐ]	견뎌낼 수 없다
吹	[chuī]	불다
考验	[kǎoyàn]	검증하다, 시험하다
声	[shēng]	소리
击	[jī]	때리다, 치다
兵	[bīng]	군대, 전쟁
厌	[yàn]	싫어하다
诈	[zhà]	사기치다, 속이다
上策	[shàngcè]	상책

第 14 课

学汉语

대화 1

小王：小美，今天上的是什么课？
Xiǎoměi, jīntiān shàng de shì shénme kè?

小美：汉语课。
Hànyǔ kè。

小王：是哪位老师讲的？
Shì nǎ wèi lǎoshī jiǎng de?

小美：张丽丽老师，你知道吗？
Zhānglìlì lǎoshī, nǐ zhīdao ma?

小王：当然知道。她是我们系有名的教授，
Dāngrán zhīdao。Tā shì wǒmen xì yǒumíng de jiàoshòu,
而且她讲课非常生动。
érqiě tā jiǎngkè fēicháng shēngdòng。

小王 : 시아오메이야, 오늘 무슨 수업을 했니?
小美 : 중국어 수업이야.
小王 : 어느 선생님이 하시는 수업인데?
小美 : 쨩리리 선생님이야. 너 알아?
小王 : 말할 것도 없지. 그 분은 우리 과의 간판 선생님일 뿐만 아니라 수업을 아주 생동감 있게 잘하시지.

小美：是的。今天讲声母的时候，
Shì de。Jīntiān jiǎng shēngmǔ de shíhou,
还给我们讲了一个小故事呢！
hái gěi wǒmen jiǎng le yí ge xiǎo gùshì ne!
很有意思。
Hěn yǒu yìsi。

小王：以后你还会听到很多有趣的故事。
Yǐhòu nǐ hái huì tīng dào hěn duō yǒuqù de gùshi。
不过，上课的时候，你一定要注意听课。
Búguò, shàngkè de shíhou, nǐ yídìng yào zhùyì tīng kè。

小美：放心吧！我会的！
Fàngxīn ba! Wǒ huì de!

小美 : 맞아. 오늘 닿소리 강의를 하실 때는 짧은 얘기도 하나 해 주셨어. 얼마나 재미있던지.
小王 : 앞으로도 많은 재미난 얘기를 듣게 될 거야. 그래도 수업할 때는 바짝 신경을 써서 수업을 들어야 해.
小美 : 걱정 마! 그렇게 할 거야!

대화 2

小明：小龙，今天的汉语课教了些什么内容呀?

Xiǎolóng, jīntiān de Hànyǔ kè jiāo le xiē shénme nèiróng ya?

小龙：今天老师讲的是汉语的声调。

Jīntiān lǎoshī jiǎng de shì Hànyǔ de shēngdiào。

小明：那汉语的声调有哪些呢?

Nà Hànyǔ de shēngdiào yǒu nǎ xiē ne?

小龙：有四声和轻声。

Yǒu sìshēng hé qīngshēng。

小明：四声包括哪四声?

Sìshēng bāokuò nǎ sìshēng?

小龙：包括一声、二声、三声、四声四种。

Bāokuò yìshēng、èrshēng、sānshēng、sìshēng sì zhǒng。

小明 : 시아롱, 오늘 중국어 수업에서 어떤 내용들을 가르쳐 주셨니?
小龙 : 오늘 선생님이 말씀하신 것은 중국어의 성조야.
小明 : 그러면 중국어의 성조는 어떤 것들이 있는데?
小龙 : 네 개의 성조와 경성을 가지고 있어.
小明 : 네 성조는 어떤 것들인데?
小龙 : 일, 이, 삼, 사성의 네 갈래가 있어.

小明：你认为声调对语言有什么好处?

Nǐ rènwéi shēngdiào duì yǔyán yǒu shénme hǎochu?

小龙：声调可以让语言说起来更有节奏感, 更好听。

Shēngdiào kěyǐ ràng yǔyán shuō qǐlái gèng yǒu jiézòugǎn, gèng hǎotīng。

小明：小龙，学得不错嘛，回答得头头是道。

Xiǎolóng, xué de búcuò ma, huídá de tóu tóu shì dào。

小龙：过奖。

Guòjiǎng。

小明：네가 보기엔 성조가 언어에 어떤 좋은 역할을 하니?

小龙：성조는 말할 때 더욱 리듬감을 갖게 하고 더 듣기 좋게 해 주거든.

小明：시아오롱아, 잘 배웠구나. 한 마디 한 마디 다 맞게 대답을 해 내니.

小龙：웬 과찬의 말씀.

새 낱말(生词)

节	jié	【양】 수업을 세는 단위
位	wèi	【양】 분, 명
讲	jiǎng	【동】 말하다, 강의하다
张丽丽	Zhānglìlì	【인명】 짱리리
有名	yǒumíng	【형】 유명하다
教授	jiàoshòu	【명】 교수
有趣	yǒuqù	【형】 흥미있다
故事	gùshi	【명】 이야기
听课	tīngkè	【동】 수업을 듣다
放心	fàngxīn	【동】 마음을 놓다
教	jiāo	【동】 가르치다
些	xiē	【양】 조금, 약간
声调	shēngdiào	【명】 성조
四声	sì shēng	【명】 4성
轻声	qīngshēng	【명】 경성
包括	bāokuò	【동】 포괄하다, 아우르다
种	zhǒng	【양】 종류
认为	rènwéi	【동】 여기다
语言	yǔyán	【동】 언어
节奏感	jiézòugǎn	【명】 리듬감
好听	hǎotīng	【형】 듣기 좋다
回答	huídá	【동】 대답하다
头头是道	tóutóushìdào	【성】 말이나 행동이 하나하나 사리에 들어맞다
过奖	guòjiǎng	과찬이십니다

어법과 해설

1. 동태조사 了

동사 뒤에 쓰여 동작이 어떤 상태에 있음을 알려주는 조사를 동태조사라 한다. 동태조사 '了'는 동사 뒤에 쓰여 동작이 완료되었음을 나타낸다.

我昨天看了一本历史小说。
Wǒ zuótiān kàn le yì běn lìshǐ xiǎoshuō。

昨天我在百货公司买了一件很漂亮的衣服。
Zuótiān wǒ zài bǎihuògōngsī mǎi le yí jiàn hěn piàoliang de yīfu。

昨天她在餐厅吃了一盘羊肉串和一碗冷面。
Zuótiān tā zài cāntīng chī le yì pán yángròuchuàn hé yì wǎn lěngmiàn。

동태조사 '了'의 부정은 동사 앞에 '没'를 붙이고 '了'는 없애면 된다.

我没看那个电视节目。
Wǒ méi kàn nà ge diànshì jiémù。

我没买那件裙子。
Wǒ méi mǎi nà jiàn qúnzi。

의문문으로 만들고자 할 때는 문장 끝에 '吗' 또는 '没有'를 붙이거나, 정반의문문을 사용하거나 하면 된다.

你看了今天的报纸吗?
Nǐ kàn le jīntiān de bàozhǐ ma?

你看了今天的报纸没有?
Nǐ kàn le jīntiān de bàozhǐ méiyǒu?

你看没看今天的报纸?

Nǐ kàn méi kàn jīntiān de bàozhǐ?

2. 사역을 나타내는 겸어문

'让'은 '~ 하여금 ~하게 한다(시키다)'라는 사역의 의미를 나타낸다.

老师让大家回答问题。

Lǎoshī ràng dàjiā huídá wèntí。

他让我吃这个菜。

Tā ràng wǒ chī zhè ge cài。

예문 '老师让大家回答问题'에서, '大家'는 첫 번째 동사의 목적어이면서 동시에 두 번째 동사의 주어가 되는 것을 볼 수 있다. 이렇게 하나의 문장 안에서 두 가지 문장 성분을 겸하는 단어가 있는 문장을 겸어문(兼语句)이라고 한다.

老师	让	大家	回答	问题。
주어	동사1	목적어 주어 (겸어)	동사2	목적어

사역을 나타내는 겸어문에는 '让' 이외에도 '叫', '使', '请' 등이 올 수 있다.

妈妈叫弟弟去买菜。

Māma jiào dìdi qù mǎicài。

这个消息使大家高兴。

Zhè ge xiāoxi shǐ dàjiā gāoxìng。

老师请我们吃饭。

Lǎoshī qǐng wǒmen chīfàn。

3. 전치사 给

'~에게', '~를 위하여'

他给我们讲故事。

Tā gěi wǒmen jiǎng gùshi。

朋友给我点烟。

Péngyou gěi wǒ diǎn yān。

'~에 대해', '~을 향해서'

同学们给自己的老师打招呼。

Tóngxuémen gěi zìjǐ de lǎoshī dǎ zhāohu。

朋友给我拿个主意。

Péngyou gěi wǒ ná ge zhǔyi。

4. 会

'~할 것이다', '~할 가능성이 있다'는 뜻의 조동사로 가능이나 추측을 나타낸다.

天气很好，不会下雨。

Tiānqì hěn hǎo, bú huì xià yǔ。

期中考试的成绩明天会出来。

Qīzhōng kǎoshì de chéngjì míngtiān huì chūlái。

努力用功读书，将来会成功的。

Nǔlì yònggōng dúshū, jiānglái huì chénggōng de。

또 '~할 수 있다', '~할 줄 안다'의 의미로도 쓰이는데, 주로 학습이나 경험을 통해서 어떤 일을 할 수 있음을 나타낸다.

你会唱这首歌吗?

Nǐ huì chàng zhè shǒu gē ma?

我不大会讲英语。

Wǒ búdà huì jiǎng yīngyǔ。

他不会抽烟，也不会喝酒。

Tā búhuì chōuyān, yě búhuì hē jiǔ。

5. 肯定과 一定

'肯定'과 '一定'은 둘 다 부사로 어떤 일에 대해 '의심할 바 없음'을 나타내나 '肯定'이 주로 이미 발생한 일에 대해 쓰이는 반면, '一定'은 어떤 일에 강한 의지나 당부를 나타낼 때 쓰인다.

我肯定见过他。

Wǒ kěndìng jiàn guo tā。

开车一定要小心。

Kāi chē yídìng yào xiǎoxīn。

6. 동사+起来

동사 뒤에 보어 '起来'를 붙여 '~하기 시작하다(시작해서 지속됨)', '~하기에(추측이나 평가)', '~(실제 어떤 동작을)해 보면' 등의 뜻으로 쓰인다.

大家都笑起来了。

Dàjiā dōu xiào qǐ lái le。

这道菜看起来很好吃。

Zhè dào cài kàn qǐ lái hěn hǎochī。

说起来容易，做起来难。

Shuō qǐ lái róngyì, zuò qǐ lái nán。

관용표현

1. 有意思

有意思(재미있다) ↔ 没有意思(재미없다)

你讲的故事很有意思。

Nǐ jiǎng de gùshi hěn yǒu yìsi。

昨天看的那场电影很有意思。

Zuótiān kàn de nà chǎng diànyǐng hěn yǒu yìsi。

今天的这场比赛真没有意思。

Jīntiān de zhè chǎng bǐsài zhēn méiyǒu yìsi。

2. 再~也~

그 위에, 더, 아무리 ~하더라도

再冷的天我也不怕。

Zài lěng de tiān wǒ yě bú pà。

再好的条件，我也不会接受。

Zài hǎo de tiáojiàn, wǒ yě bú huì jiēshòu。

再强的球队，我们也不怕。

Zài qiáng de qiúduì, wǒmen yě bú pà。

3. ~的话

만약 ~한다면 (주로 如果와 함께)

如果你来的话，我一定会去陪你。

Rúguǒ nǐ lái de huà, wǒ yídìng huì qù péi nǐ。

你去的话，一切都会好。

Nǐ qù de huà, yíqiè dōu huì hǎo。

不然的话，我们绝对不会去上班。

Bùrán de huà, wǒmen juéduì bú huì qù shàng bān。

如果你同意的话，我们会安排一个非常有益的节目。

Rúguǒ nǐ tóngyì de huà, wǒmen huì ānpái yí ge fēicháng yǒuyì de jiémù。

老马识途

lǎo mǎ shí tú

몸은 비록 늙었어도, 오래 다녔던 길이기에 길 눈이 밝다는 뜻. 젊은 사람보다도 경험 많은 사람이 어떤 때는 더 믿을 만하다는 뜻으로 쓰인다.

성어 및 속어

眼睛都不眨一下

Yǎnjing dōu bù zhǎ yí xià

눈도 한번 깜짝 않다.

那个人眼睛都不眨一下就杀了人。

Nà ge rén yǎnjing dōu bù zhǎ yíxià jiù shā le rén。

저 사람은 눈도 한 번 깜짝 않고 사람을 죽였습니다.

起鸡皮疙瘩

Qǐ jīpí gēda

소름이 끼치다.

看他杀蛇我都起鸡皮疙瘩。

Kàn tā shā shé wǒ dōu qǐ jīpí gēda。

그 사람이 뱀을 죽이는 걸 보고 나는 소름마저 끼쳤어요.

红豆生南国，此物最相思

Hóngdòu shēng nánguó, cǐ wù zuì xiāngsī

빨간 열매는 남쪽 나라에서 자라는 것인데, 이제 붉은 내 마음과 가장 닮았어요.

☞ 그리운 사람을 그리워할 때 시적인 표현으로 애송된다. 알아두면 유용한 唐诗의 한 구절이다.

络绎不绝

Luò yì bù jué

끊임없이 이어지다.

要债的人络绎不绝。

Yào zhài de rén luò yì bù jué。

빚 받으러 오는 사람이 끊이질 않습니다.

낱말 더 배우기(加强词汇)

历史	[lìshǐ]	역사
餐厅	[cāntīng]	음식점
盘	[pán]	접시(양사)
羊肉串	[yángròuchuàn]	양꼬치
碗	[wǎn]	그릇(양사)
冷面	[lěngmiàn]	냉면
裙子	[qúnzi]	치마
报纸	[baòzhǐ]	신문
回答	[huídá]	대답하다
使	[shǐ]	~하여금 ~하게 하다
点烟	[diǎnyān]	담배를 붙이다
打招呼	[dǎzhāohu]	인사하다
主意	[zhǔyi]	생각, 아이디어
期中考试	[qīzhōng kǎoshì]	중간고사
用功	[yònggōng]	노력하다, 열심히 하다
成功	[chénggōng]	성공하다
肯定	[kěndìng]	틀림없이
容易	[róngyì]	쉽다
怕	[pà]	두려워하다
条件	[tiáojiàn]	조건
接受	[jiēshòu]	받아들이다

球队	[qiúduì]	팀(구기종목)
陪	[péi]	동반하다, 안내하다, 짝하다
绝对	[juéduì]	절대로
上班	[shàngbān]	출근하다
不然	[bùrán]	그렇지 않으면
安排	[ānpái]	준비하다, 마련하다
有益	[yǒuyì]	유익하다
眼睛	[yǎnjing]	눈
眨	[zhǎ]	눈을 깜박이다
杀	[shā]	죽이다
鸡皮	[jīpí]	닭살
疙瘩	[gēda]	부스럼, 종기
蛇	[shé]	뱀
红豆	[hóngdòu]	붉은 콩, 相思树의 열매
此	[cǐ]	이
物	[wù]	물건, 것
相思	[xiāngsī]	서로 사모하다
络	[luò]	실을 얽어내다
绎	[yì]	실을 풀어내다
不绝	[bùjué]	끊이지 않는다
债	[zhài]	빚

第 15 课

这是什么？

대화 1

小王：这是什么？
Zhè shì shénme?

小强：我刚买的蛋糕。
Wǒ gāng mǎi de dàngāo。

小王：你喜欢吃零食吗？
Nǐ xǐhuan chī língshí ma?

小强：是的，我特别喜欢。
Shìde, wǒ tèbié xǐhuan。

小王：不过，零食吃多了对身体不好啊！
Búguò, língshí chī duō le duì shēntǐ bù hǎo a!

小王：이게 무엇이니?
小强：내가 방금 사온 케익이야.
小王：너 간식 즐겨 먹니?
小强：응, 아주 좋아해.
小王：하지만, 간식을 많이 먹으면 몸에 좋지 않잖아!

小强：我知道，可是看到零食，我就忍不住想吃。
Wǒ zhīdao, kěshì kàn dào língshí, wǒ jiù rěn bu zhù xiǎng chī。

小王：零食没有营养，为了身体健康，
你应该多吃点饭。
Língshí méiyǒu yíngyǎng, wèi le shēntǐ jiànkāng,
nǐ yīnggāi duō chī diǎn fàn。

小强：好吧，我试一试。
Hǎo ba, wǒ shì yi shì。

小强 : 나도 알아, 하지만 간식을 보면 먹고 싶은 걸 참지 못하겠어.
小王 : 간식에는 영양가가 없어. 건강을 위해서 밥을 많이 먹어야 해.
小强 : 알았어, 그래 보도록 할게.

대화 2

小明：小龙，这是什么？
Xiǎolóng, zhèshì shénme?

小龙：这是苹果汁。
Zhèshì píngguǒ zhī。

小明：你很喜欢吃水果吗？
Nǐ hěn xǐhuan chī shuǐguǒ ma?

小龙：是的，不过我更喜欢喝自己榨的果汁。
Shìde, búguò wǒ gèng xǐhuan hē zìjǐ zhà de guǒzhī。

小明：这些都是你自己榨的果汁？
Zhè xiē dōu shì nǐ zìjǐ zhà de guǒzhī?

小明 : 시아오롱, 이게 뭐니?
小龙 : 사과주스야.
小明 : 너 과일을 먹는 것 좋아하니?
小龙 : 그래, 하지만 내가 손수 짠 과일주스 마시는 걸 더욱 좋아해.
小明 : 이게 모두 네가 직접 짠 과일주스니?

小龙：是的。这样既卫生，又新鲜，而且口味很纯正。

Shìde。Zhèyàng jì wèishēng, yòu xīnxiān, érqiě kǒuwèi hěn chúnzhèng。

小明：多吃水果对身体有好处。

Duō chī shuǐguǒ duì shēntǐ yǒu hǎochu。

小龙：不错。水果可以补充维生素，有益于身体健康。

Búcuò。Shuǐguǒ kěyǐ bǔchōng wéishēngsù, yǒuyì yú shēntǐ jiànkāng。

小明：但是我们还应该多锻炼锻炼身体。

Dànshì wǒmen hái yīnggāi duō duànliàn duànliàn shēntǐ。

小龙：那当然。

Nà dāngrán。

小龙 : 응. 이렇게 하면 위생적이기도 하고 신선해. 게다가 맛도 아주 순수해.
小明 : 과일을 많이 먹으면 몸에 좋지.
小龙 : 맞아. 과일은 비타민을 보충해 주어서 건강에 유익해.
小明 : 하지만 우리는 무엇보다도 운동을 더 많이 해야 돼.
小龙 : 그야 말할 것도 없지.

새 낱말(生词)

蛋糕	dàngāo	【명】 케이크
零食	língshí	【명】 간식, 군것질거리
特别	tèbié	【부】 특별히
忍不住	rěnbuzhù	참을 수 없다, ~하지 않을 수 없다
营养	yíngyǎng	【명】 영양
健康	jiànkāng	【형】 건강하다
试	shì	【동】 (시험삼아) 해보다
苹果	píngguǒ	【명】 사과
水果	shuǐguǒ	【명】 과일
榨	zhà	【동】 짜다
果汁	guǒzhī	【명】 과일 주스
既~又	jì ~yòu	【접】 ~하고 또 ~하다
卫生	wèishēng	【형】 위생적이다, 깨끗하다
新鲜	xīnxiān	【형】 신선하다, 싱싱하다
口味	kǒuwèi	【명】 맛, 구미
纯正	chúnzhèng	【형】 순수하다
好处	hǎochu	【명】 장점, 좋은 점
补充	bǔchōng	【동】 보충하다
维生素	wéishēngsù	【명】 비타민

어법과 해설

1. 방향보어

동사 뒤에서 동작의 진행방향을 나타내는 보어를 '방향보어'라 한다. 방향보어는 두 가지가 있다. 동사 뒤에 '来'또는 '去'가 보어로 쓰인 경우, 이를 단순방향보어라고 한다.

동사	단순방향보어
起	来
出	去
回	来
下	去

她每天早上六点起来。
Tā měitiān zǎoshang liù diǎn qǐchuáng。

他不在家，刚出去了。
Tā bú zài jiā, gāng chū qù le。

请你稍等一下，她马上回来。
Qǐng nǐ shāo děng yí xià, tā mǎshàng huí lái。

一直这样下去，不会有好结果的。
Yìzhí zhèyàng xiàqù, bú huì yǒu hǎo jiéguǒ de。

'起, 出, 回, 过, 上, 下' 등의 뒤에 '来' 또는 '去'가 다시 결합된 형태로 동사 뒤에 보어로 쓰이는 경우, 이를 복합방향보어라고 한다.

동사	복합방향보어
想	起来
跑	出去
走	出来
带	回去

那件事到现在还经常想起来。
Nà jiàn shì dào xiànzài hái jīngcháng xiǎng qǐ lái。

他刚跑出去。
Tā gāng pǎo chū qù。

他从图书馆走出来。
Tā cóng túshūguǎn zǒu chū lái。

我不要这个东西，你带回去吧。
Wǒ bú yào zhè ge dōngxi, nǐ dài huí qù ba。

방향보어가 있는 문장에서 목적어의 위치는, 장소를 나타내는 목적어가 올 경우에는 반드시 동사와 보어 사이에 목적어를 두어야 하고, 일반 목적어가 올 경우에는 동사와 보어 사이에 둘 수도 있고, 보어 뒤에 둘 수도 있다.

下课之后，他回宿舍去。

Xiàkè zhī hòu, tā huí sùshè qù。

爸爸刚起床，马上回下楼来。

Bàba gāng qǐchuáng, mǎshàng huí xià lóu lái。

我带去了一台笔记本电脑。

Wǒ dài qù le yì tái bǐjìběn diànnǎo。

(= 我带一台笔记本电脑去了。)

(Wǒ dài yì tái bǐjìběn diànnǎo qù le。)

他带回来那本小说了。

Tā dài huí lái nà běn xiǎoshuō le。

(=他带回那本小说来了。)

(Tā dài huí nà běn xiǎoshuō lái le。)

2. 구조조사 得

결과보어나 방향보어 앞에 구조조사 '得'를 넣어 동작의 실현 가능성을 나타낸다. 부정형은 '得' 대신에 '不'를 쓴다.

주 어	술 어			
	동사	得	보어	목적어
我	做	得	完	功课
我	做	不	完	功课
我	背	得	完	作业
我	背	不	完	作业
我	抽	得	出	空
我	抽	不	出	空

听得懂 ↔ 听不懂
tīng de dǒng　　tīng bu dǒng

看得懂 ↔ 看不懂
kàn de dǒng　　kàn bu dǒng

吃得饱 ↔ 吃不饱
chī de bǎo　　chī bu bǎo

回得来 ↔ 回不来
huí de lái　　huí bu lái

看得见 ↔ 看不见
kàn de jiàn　　kàn bu jiàn

走得进去 ↔ 走不进去
zǒu de jìnqù　　zǒu bu jìnqù

听得清楚 ↔ 听不清楚
tīng de qīngchu　　tīng bu qīngchu

今天的功课两个小时做得完吗?
Jīntiān de gōngkè liǎng ge xiǎoshí zuò de wán ma?

那座山不高，我们爬得上去。
Nà zuò shān bù gāo, wǒmen pá de shàng qu。

他走远了，你叫他，他也听不见了。
Tā zǒu yuǎn le, nǐ jiào ta, tā yě tīng bu jiàn le。

耳机里的声音你听得清楚吗?
Ěrjī li de shēngyīn nǐ tīng de qīngchu ma?

3. 既~又~

'~하고 또~하다'의 뜻으로 동사나 형용사를 이어 양면의 성질이나 상황이 병존함을 나타낸다.

她既会唱歌，又会跳舞。

Tā jì huì chànggē, yòu huì tiàowǔ。

这部电影的故事既生动，又真实。

Zhè bu diànyǐng de gùshi jì shēngdòng, yòu zhēnshí。

这款汽车既美观又实用。

Zhè kuǎn qìchē jì měiguān yòu shíyòng。

관용표현

帮忙，帮助

돕다

谢谢你的帮助。

Xièxie nǐ de bāngzhù。

别客气，只是帮了一点小忙。

Bié kèqi, zhǐshì bāng le yì diǎn xiǎo máng。

请你帮我一下我的忙，好吗?

Qǐng nǐ bāng wǒ yíxià wǒ de máng, hǎo ma?

你有困难，我应当尽力帮助。

Nǐ yǒu kùnnan, wǒ yīngdāng jìnlì bāngzhù。

只好=只得

~할 수 밖에 없다. 할 수 없이 ~하다

他不肯来，只好我一个人来了。

Tā bù kěn lái, zhǐhǎo wǒ yí ge rén lái le。

没有新的，只好用旧的。

Méiyǒu xīn de, zhǐ hǎo yòng jiù de。

今天感到身体不舒服，只好在家休息一天。

Jīntiān gǎndào shēntǐ bù shūfu, zhǐhǎo zài jiā xiūxi yì tiān。

到最后，我也只好答应。

Dào zuìhòu, wǒ yě zhǐhǎo dāying。

要不然

그렇지 않으면

快回来吧，要不然我会急死的。

Kuài huí lái ba, yàoburán wǒ huì jísǐ de。

他要带眼镜，要不然什么都看不见。

Tā yào dài yǎnjìng, yàoburán shénme dōu kàn bu jiàn。

快点儿啊！要不然赶不上车了。

Kuài diǎnr a! yàoburán gǎn bu shàng chē le。

快点儿还给他钱吧，要不然人家会骂你的。

Kuài diǎnr huán gěi tā qián ba, yàoburán rénjiā huì mà nǐ de。

差点儿

하마터면, 간신히

那场车祸，差点儿要了他的命。

Nà chǎng chēhuò, chàdiǎnr yào le tā de mìng。

要小心，差点儿摔倒。

Yào xiǎoxīn, chàdiǎnr shuāidǎo。

这次考试差点儿不及格。

Zhè cì kǎoshì chàdiǎnr bù jígé。

你的生日，我差点儿会忘了。

Nǐ de shēngrì, wǒ chàdiǎnr huì wàng le。

大器晚成

dà qì wǎn chéng

큰 그릇은 더디 만들어진다는 뜻으로서, 크게 될 사람은 고생끝에 늦게서야 성공한다는 말.

성어 및 속어

双喜临门
Shuāng xǐ lín mén
두 가지 기쁜 일이 한꺼번에 찾아오다.

你爱人拿到学位，又添个壮丁，真是双喜临门。
Nǐ àirén ná dào xuéwèi, yòu tiān ge zhuàngdīng, zhēn shì shuāng xǐ lín mén。
남편은 학위를 받고 아들도 봤으니, 정말 双喜临门이야.

祸不单行
Huò bù dān xíng
나쁜 일이 한꺼번에 닥친다.

发生车祸，家里被偷，简直是祸不单行啊!
Fāshēng chēhuò, jiālǐ bèi tōu, jiǎnzhí shì huò bù dān xíng a!
교통사고 났지, 집은 도둑한테 털렸지. 정말 祸不单行이야!

星转斗移
Xīng zhuǎn dǒu yí
별이 돌고 북두도 자리를 바꾸니 → 시간이 흐르고 흘러.

星转斗移，已经十年了。
Xīng zhuǎn dǒu yí, yǐjing shí nián le。
시간이 흐르고 흘러 벌써 10년이 되었습니다.

时来运转
Shí lái yùn zhuǎn
시간이 바뀌니 운도 따라서 바뀐다. 기회가 오니까 운과 명도 따라서 달라진다.

时来运转，把握住!
Shí lái yùn zhuǎn, bǎwò zhù!
기회는 오는 법이야. 꽉 잘 잡아!

낱말 더 배우기 (加强词汇)

稍	[shāo]	조금
一直	[yìzhí]	줄곧
结果	[jiéguǒ]	결과
跑	[pǎo]	뛰다
笔记本	[bǐjìběn]	노트북
功课	[gōngkè]	숙제, 학업
空	[kòng]	짬, 겨를
座	[zuò]	좌, 동, 채(양사)
耳机	[ěrjī]	이어폰
跳舞	[tiàowǔ]	춤을 추다
生动	[shēngdòng]	생동감 있다, 생생하다
款	[kuǎn]	스타일, 타입, 꼴(양사)
美观	[měiguān]	보기좋다, 예쁘다
困难	[kùnnan]	어려움
应当	[yīngdāng]	마땅히
尽力	[jìnlì]	온 힘을 다하다
不肯	[bùkěn]	~하려 하지 않다
只好	[zhǐhǎo]	부득이, 할 수 없이
旧	[jiù]	옛날
答应	[dāying]	대답하다, 동의하다
要不然	[yàoburán]	그렇지 않으면
急死	[jísǐ]	아주 초조하게 하다
眼镜	[yǎnjìng]	안경

赶不上	[gǎnbushàng]	(정해진 시간에) 대지 못하다, 늦다
骂	[mà]	욕하다
差点儿	[chàdiǎnr]	하마터면
车祸	[chēhuò]	교통사고
要命	[yàomìng]	목숨을 앗아가다
小心	[xiǎoxīn]	조심하다
摔倒	[shuāidǎo]	쓰러지다, 넘어지다
及格	[jígé]	합격하다
双喜	[shuāngxǐ]	두 가지 기쁜 일
临门	[línmén]	다가오다, 찾아오다
学位	[xuéwèi]	학위
添	[tiān]	보태다, 붙이다
壮丁	[zhuàngdīng]	장정, 사나이, 남자
祸	[huò]	재앙, 화
单	[dān]	홀로
行	[xíng]	행하다
简直	[jiǎnzhí]	정말로, 참으로
星	[xīng]	별
斗	[dǒu]	북두
移	[yí]	이동하다, 옮기다
运	[yùn]	운명
把握	[bǎwò]	잡다, 붙들다

第16课

考试

대화 1

小王：快考试了。
Kuài kǎoshì le。

小强：是啊，你复习怎么样了？
Shì a, nǐ fùxí zěnme yàng le?

小王：不太好，你呢？
Bú tài hǎo, nǐ ne?

小强：我已经复习完了。
Wǒ yǐjing fùxí wán le。

小王：这么快啊！咱们哪一天开考？
Zhème kuài a! Zánmen nǎ yì tiān kāi kǎo?

小强：大下个星期一。
Dà xià ge xīngqī yī。

小王：곧 시험이야.
小强：그래, 너 공부하는 건 어떻게 되어가니?
小王：별로야. 너는?
小强：나는 이미 시험공부 다 했어.
小王：이렇게 빨리! 우리 언제 시험 시작하지?
小强：다다음주 월요일이야.

小王：那还有时间。

Nà hái yǒu shíjiān。

小强：这可是入学后的第一次考试。

Zhè kěshì rùxué hòu de dì yícì kǎoshì。

咱们要争取考好一点儿。

Zánmen yào zhēngqǔ kǎo hǎo yì diǎnr。

小王：我会努力的。

Wǒ huì nǔlì de。

小强：好！让我们共同努力吧！

Hǎo! Ràng wǒmen gòngtóng nǔlì ba!

小王 : 그럼 아직 좀 시간 있네.
小强 : 이번이 대학 들어 온 뒤 첫 번째 시험이야.
우리 꼭 시험을 잘 보도록 하자. (좋은 점수 따도록 하자)
小王 : 나 열심히 할게.
小强 : 좋아, 우리 모두 함께 노력하자.

대화 2

老师：快考试了吧?

Kuài kǎoshì le ba?

小龙：是啊。下个星期四开始考。

Shì a。Xià ge xīngqī sì kāishǐ kǎo。

老师：复习得怎么样了?

Fùxí de zěnme yàng le?

小龙：还可以吧。

Hái kěyǐ ba。

老师：这可是你在这里的第一次考试，要好好加油。

Zhè kěshì nǐ zài zhèli de dì yí cì kǎoshì, yào hǎohāo jiāyóu。

小龙：嗯，我会努力的。

Én, wǒ huì nǔlì de。

老师 : 곧 시험이지?
小龙 : 예, 다음 주 목요일부터 시험 시작입니다.
老师 : 공부는 얼만큼 했니?
小龙 : 그런대로 하고 있습니다.
老师 : 이번은 네가 여기서 보는 첫 번째 시험이니 힘을 내서 잘 해야 돼.
小龙 : 예, 열심히 하겠습니다.

老师：觉得所学的知识难吗?

Juéde suǒ xué de zhīshi nán ma?

小龙：不太难。老师教得很好，而且同学之间也互相帮助。

Bú tài nán。Lǎoshī jiāo de hěn hǎo, érqiě tóngxué zhījiān yě hùxiāng bāngzhù。

老师：那就好。希望你这次考试取得好成绩。

Nà jiù hǎo。Xīwàng nǐ zhè cì kǎoshì qǔdé hǎo chéngjì。

小龙：谢谢。老师再见。

Xièxie。Lǎoshī zàijiàn。

老师 : 배운 내용이 어렵게 느껴지니?
小龙 : 별로 어렵지 않습니다. 선생님께서 아주 잘 가르쳐 주시고, 학우들끼리도 서로 서로 공부를 도와서 합니다.
老师 : 그럼 됐어. 이번 시험에서 네가 좋은 성적 거두길 바란다.
小龙 : 고맙습니다. 선생님 또 뵙겠습니다.

| 새 낱말(生词) |

大下个星期	dà xià ge xīngqī	다 다음 주
入学	rùxué	【동】 입학하다
第一次	dì yí cì	1차, 처음
争取	zhēngqǔ	【동】 노력하여 얻어내다
加油	jiāyóu	【동】 힘을 내다
一点儿	yìdiǎnr	【부】 조금
觉得	juéde	【동】 ~라고 여기다
知识	zhīshi	【명】 지식
互相	hùxiāng	【부】 서로
帮助	bāngzhù	【동】 돕다
希望	xīwàng	【동】 희망하다, 바라다
取得	qǔdé	【동】 얻다

어법과 해설

1. 시량보어

동사 뒤에서 동작이나 상태가 어느 정도 지속되었는지 설명한다.

他休息了一天。

Tā xiūxi le yì tiān。

他病了两天，没来上课。

Tā bìng le liǎngtiān, méi lái shàngkè。

从首尔到釜山得坐多长时间的火车？

Cóng Shǒu'ěr dào Fǔshān děi zuò duōcháng shíjiān de huǒchē?

동사가 목적어를 동반할 경우에는 보통 동사를 중복하여 '동사+목적어+동사+시량보어'의 형태로 쓴다.

我们看电视看了一个半小时。
Wǒmen kàn diànshì kàn le yí ge bàn xiǎoshí。

他打电话打了二十多分种。
Tā dǎ diànhuà dǎ le èr shí duō fēn zhōng。

我学汉语学了一年。
Wǒ xué Hànyǔ xué le yì nián。

목적어가 인칭대명사가 아닌 경우에는 시량보어가 목적어 앞에 한정어의 형태로 올 수도 있다.

我们看了一个半小时的电视。
Wǒmen kàn le yí ge bàn xiǎoshí de diànshì。

他打了二十多分种的电话。
Tā dǎ le èr shí duō fēn zhōng de diànhuà。

我学了一年的汉语。
Wǒ xué le yì nián de Hànyǔ。

동사가 표시하는 동작이 과거에 발생한 경우 시량보어는 일반적으로 목적어 뒤에 놓인다.

她大学毕业将近十年了。
Tā dàxué bìyè jiāngjìn shí nián le。

他来韩国差不多半个月了。
Tā lái Hánguó chàbuduō bàn ge yuè le。

2. 快～了

곧~하다, 가까운 장래에~할 것이다.

我儿子快大学毕业了。

Wǒ érzi kuài dàxué bìyè le。

快上课了，我们要迟到了。

Kuài shàngkè le, wǒmen yào chídào le。

工作太辛苦，他快顶不住了。

Gōngzuò tài xīnkǔ, tā kuài dǐngbuzhù le。

他和家人分开都快两年了。

Tā hé jiārén fēnkāi dōu kuài liǎng nián le。

3. 과거시제

중국어의 동사는 다른 언어와는 달리 인칭, 단·복수, 시제, 격 등에 따른 형태변화가 없는 것이 특징이다.

과거에 일어난 일은 과거 시간을 표시하는 시간사를 써서 나타낸다.

昨天我在家里看书。

Zuótiān wǒ zài jiā li kàn shū。

我年轻的时候很喜欢爬山。

Wǒ niánqīng de shíhou hěn xǐhuan pá shān。

上个星期一我拜访了老师的家。

Shàng ge xīngqī yī wǒ bàifǎng le lǎoshī de jiā。

大上个月我们在一家酒店喝酒。

Dà shàng ge yuè wǒmen zài yì jiā jiǔdiàn hē jiǔ。

과거의 경험을 뚜렷이 나타내야 할 때는 동사 뒤에 곧 바로 '过'를 붙인다.

我曾经去过北京。
Wǒ céngjīng qù guo Běijīng。

我还没吃过芒果。
Wǒ hái méi chī guo mángguǒ。

去年他来过我家。
Qùnián tā lái guo wǒ jiā。

就如何学好汉语，我请教过老师。
Jiù rúhé xué hǎo Hànyǔ, wǒ qǐng jiào guo lǎoshī。

4. 어기조사 的

문장의 끝에 놓여 일에 대한 확인이나 강한 긍정의 어기를 나타낸다.

你放心吧，我会做到的。
Nǐ fàngxīn ba, wǒ huì zuò dào de。

这个事情确实无疑，我亲自问过郑老师的。
Zhè ge shìqing quèshí wúyí , wǒ qīnzì wèn guo Zhèng lǎoshī de。

碰到多大的困难，我们总会解决的。
Pèng dào duō dà de kùnnan, wǒmen zǒng huì jiějué de。

5. 형용사 중첩

형용사를 중첩하여 보다 선명하고 강조하는 의미를 나타낸다. 예를 들어 '大'가 크다라면 '大大'는 매우 크다는 의미이고, '干净' 또한 '干干净净'이라고 쓰면 매우 깨끗하다는 의미가 된다. 형용사 중첩에서 상용되는 형태는 다음과 같다.

AA	好好儿 hǎohāor	高高的 gāogāode
AABB	清清楚楚 qīngqingchǔchǔ	漂漂亮亮 piàopiaoliàngliàng
A里AB	土里土气 tǔlitǔqì	糊里糊涂 húlihútú
ABAB	冰凉冰凉 bīngliángbīngliáng	雪白雪白 xuěbáixuěbái
ABB	干巴巴 gānbābā	香喷喷 xiāngpēnpēn

기억해 둘 것은, 부정부사 '不'와 함께 쓸 수 없고, 중첩 자체에 강조의 의미가 있으므로 '很'이나 '非常'과 같은 정도부사의 수식을 받지 않는다.

不漂亮(○) bú piàoliang	不漂漂亮亮(×) bú piàopiaoliàngliàng
很漂亮(○) hěn piàoliang	很漂漂亮亮(×) hěn piàopiaoliàngliàng

관용표현

不太=不大

그다지 ~하지 않다. 그리 ~않다.

她的声音，不大好听。

Tā de shēngyīn, bú dà hǎotīng。

你在这儿盯着我，我不太方便。

Nǐ zài zhèr dīng zhe wǒ, wǒ bú tài fāngbiàn。

学一种外语，本来就是一件不太容易的事。

Xué yì zhǒng wàiyǔ, běnlái jiùshì yí jiàn bú tài róngyì de shì。

你这次的所做所为，我看不太好。

Nǐ zhè cì de suǒ zuò suǒ wéi, wǒ kàn bú tài hǎo。

反而

거꾸로, 오히려

我跟他说一声谢谢，他反而生气了。

Wǒ gēn tā shuō yì shēng xièxie, tā fǎn'ér shēngqì le。

爸爸同意，反而妈妈不同意了。

Bàba tóngyì, fǎn'ér māma bù tóngyì le。

他年纪大，但他的精神力量反而比我强得多。

Tā niánjì dà, dàn tā de jīngshen lìliang fǎn'ér bǐ wǒ qiáng de duō。

他犯了错，受到影响的反而是我们。

Tā fàn le cuò, shòu dào yǐngxiǎng de fǎn'ér shì wǒmen。

几乎

거의

他几乎每天来看我。

Tā jīhū měitiān lái kàn wǒ。

这本书的内容他几乎都知道。

Zhè běn shū de nèiróng tā jīhū dōu zhīdao。

我昨晚几乎没合眼，今天感到很累。

Wǒ zuówǎn jīhū méi héyǎn, jīntiān gǎn dào hěn lèi。

千万

반드시, 절대로, 부디

你千万要注意身体。

Nǐ qiānwàn yào zhùyì shēntǐ。

你可千万别说出去。

Nǐ kě qiānwàn bié shuō chūqù。

他这都是瞎说的，你千万别当回事儿。

Tā zhè dōu shì xiāshuō de, nǐ qiānwàn bié dàng huí shìr。

他只是口头说说而已，千万别当真。

Tā zhǐshì kǒutóu shuōshuo éryǐ, qiānwàn bié dàng zhēn。

중국인의 시험 엿보기

(1) 입학시험

有入高中的
Yǒu rù gāozhōng de
고등학교에 들어가는 것과

也有入大学的
yě yǒu rù dàxué de
대학교에 들어가는 것이 있는데

入大学的考试亦称高考。
rù dàxué de kǎoshì yì chēng gāokǎo。
대학시험은 高考라고도 한다.

全国一般高等院校
Quánguó yìbān gāoděng yuànxiào
전국의 모든 대학級의 학교들은

统一招生考试。
tǒngyī zhāoshēng kǎoshì。
같은 날 같은 방법으로 시험을 치른다.

九年义务教育。
Jiǔ nián yìwù jiàoyù。
초・중등까지 9년은 의무교육이다.

分数不够根本进不了。
Fēnshù búgòu gēnběn jìn bu liǎo。
점수가 모자라면 아예 대학에 못간다.

(2) 전형 절차와 방법

先把申请书填好
Xiān bǎ shēnqǐngshū tián hǎo
먼저 신청서를 다 메워 넣고

交上去
jiāo shàngqu
갖다 내면

拿准考证。
ná zhǔnkǎozhèng。
수험표를 받는다.

进考场 Jìn kǎochǎng	시험장에 들어가서
考试 kǎoshì	시험을 치르면
发榜 fābǎng	합격자를 발표하고
等通知书 děng tōngzhīshū	합격 통지서를 기다려서
拿通知书报到。 ná tōngzhīshū bàodào。	합격 통지서를 가지고 등록한다.

(3) 학교 시험(중간 · 기말고사)

要是数学没过关, Yàoshì shùxué méi guò guān	만약 수학이 F나왔다면
又说数学没及格 yòu shuō shùxué méi jígé	수학 불합격이라고도 말하고
又说数学考砸了 yòu shuō shùxué kǎozá le	수학을 망쳤다라고도 말하는데
要补考。 yào bǔ kǎo。	재시험을 쳐야한다.
大部分的学校百分制 Dàbùfen de xuéxiào bǎifēnzhì	대부분의 대학은 100점 단위로 매기고
亦有五分制 yì yǒu wǔfēnzhì	또 어떤 학교는 A · B · C · D · F로 매기기도 한다.
不像国内九分制。 bú xiàng guónèi jiǔfēnzhì。	우리나라의 A+ · A · B+ · B … F와는 다르다.

낱말 더 배우기(加强词汇)

迟到	[chídào]	지각하다
辛苦	[xīnkǔ]	고생스럽다
顶不住	[dǐngbuzhù]	견디지 못하다
分开	[fēnkāi]	떨어지다
拜访	[bàifǎng]	방문하다
酒店	[jiǔdiàn]	술집
芒果	[mángguǒ]	망고(mango)
就	[jiù]	~에 대하여
如何	[rúhé]	어떻게
请教	[qǐngjiào]	가르침을 청하다
确实	[quèshí]	확실히, 틀림없이
无疑	[wúyí]	의심할 바 없다
碰	[pèng]	만나다, 부딪치다
土里土气	[tǔlitǔqì]	촌스럽다
糊里糊涂	[húlihútú]	흐리멍텅하다
冰凉	[bīngliáng]	차갑다
雪白	[xuěbái]	새하얗다
干巴巴	[gānbābā]	말라서 딱딱하다, 무뚝뚝하다
香喷喷	[xiāngpēnpēn]	향긋하다, 고소하다
盯	[dīng]	주시하다
方便	[fāngbiàn]	편하다, 쉽다
本来	[běnlái]	원래
所	[suǒ]	~하는 바
反而	[fǎn'ér]	오히려, 거꾸로
精神	[jīngshen]	원기, 기력, 정신
力量	[lìliang]	힘
比	[bǐ]	~보다
强	[qiáng]	강하다, 세다
犯错	[fàncuò]	잘못을 저지르다
几乎	[jīhū]	거의
合眼	[héyǎn]	눈을 붙이다, 잠을 자다

累	[lèi]	피곤하다
千万	[qiānwàn]	반드시, 절대로
瞎说	[xiāshuō]	함부로 말하다
当回事	[dàng huíshì]	진지하게 여기다
口头	[kǒutóu]	구두, 입말
而已	[ěryǐ]	~일 뿐이다
当真	[dàngzhēn]	정말로 여기다
入	[rù]	들어가다
高中	[gāozhōng]	고등학교
高考	[gāokǎo]	대학입학시험
全国	[quánguó]	전국
一般	[yībān]	일반
高等院校	[gāoděng yuànxiào]	대학(고등기관)
统一	[tóngyī]	통일, 일치하다
招生	[zhāoshēng]	학생모집
义务教育	[yìwù jiàoyù]	의무교육
分数	[fēnshù]	점수
不够	[búgòu]	충분하지 않다, 모자라다
根本	[gēnběn]	근본적으로, 아예
进不了	[jìnbuliǎo]	들어가지 못하다
把	[bǎ]	~을(전치사)
申请书	[shēnqǐngshū]	신청서
填	[tián]	기입하다
准考证	[zhǔnkǎozhèng]	수험표
考场	[kǎocháng]	시험장
发榜	[fābǎng]	시험결과를 발표하다
通知书	[tōngzhīshū]	통지서
数学	[shùxué]	수학
过关	[guòguān]	관문을 통과하다
考砸	[kǎozá]	시험을 망치다
补考	[bǔkǎo]	재시험
大部分	[dàbùfen]	대부분
百分制	[bǎifēnzhì]	백분제(백점을 만점으로 매기는 점수)